社会科の「問題解決的な学習」とは何か

唐木清志

編著

東洋館出版社

まえがき

　「社会科の特性を表現する最適な一語は何か」と問われたら，みなさんはどの言葉を選択されるだろうか。私は以前，編著者として『「公民的資質」とは何か—社会科の過去・現在・未来を探る—』（東洋館出版社，2016 年）を刊行し，「公民的資質」という観点より，社会科の特性を説明しようと試みた。本書はその姉妹書ともいえる性格を有するものであり，今回は「問題解決的な学習」という観点より，社会科の特性を探ってみたいと考えている。

　問題解決的な学習が社会科の本質であることは，誰もが認めるところであろう。もちろん，その他に大切な観点があるという意見があってもかまわないが，それで問題解決的な学習の重要性が否定されるわけではない。例えば，かつては「問題解決学習×系統学習」と両者を対立させて，一方を重視すれば一方は否定されると考えられた時期もあったが，それも今では，両者は車の両輪であるか相互補完的な関係にあると考えられるようになっている。問題解決的な学習は，1947（昭和 22）年，日本に社会科が誕生して以来，今日に至るまでの長きにわたって，常に社会科において大切にされてきた学習論である。問題解決的な学習に注目することで，社会科の過去を振り返り，現在をみつめ，そして未来を探ることは十分に可能である。

　とはいえ，問題解決的な学習の理解は千差万別である。教師による教え込みの授業であっても，学習者である子どもに注目すれば，そこには問題解決的な学習が成立しているのかもしれない。また，1 時間で完結的に「導入→展開→終結」と問題解決的な学習をとらえるやり方もあれば，数時間より構成される単元において「問題把握→問題追究→問題解決」と問題解決的な学習をとらえるやり方もある。さらには，教室での話し合い活動，身近な地域における調べ学習，社会的な課題の解決策を探る協働的な学習など，教師と子どもの求めに応じて授業にさまざまな学習活動を導入しても，そこには問題解決的な学習が成立すると考えられる。問題解決的な学習に関する異なる理解に基づけば，当然そこでは異なる社会科授業づくりが進められるわけで，このあたりも問題解

決的な学習の奥深さということになる。「なんでも問題解決的な学習」という安易な理解の仕方は排除したいが，可能な限り問題解決的な学習の理解の幅をひろげて，社会科における問題解決的な学習の多様性を保証することもまた，本書のねらいとするところである。

　本書では，概略部の執筆は編著者の唐木が担当する（第Ⅰ章と第Ⅲ章）。しかし，読者のみなさんにぜひ注意深く読んでいただきたいのは，12名の社会科教育研究者によって編まれた問題解決的な学習の理論と実践の箇所である（第Ⅱ章）。12名の執筆者には，担当する校種，分野等をまずは割り振った上で，次のようなお願いをして，原稿の執筆を進めていただいた。すなわち，「ご自身の考える問題解決的な学習を明確に示した上で，理想とする問題解決的な学習に基づく社会科授業をご提案いただきたい」，と。結果として，極めて個性的な問題解決的な学習論が，その箇所では展開されることになった。みなさんの考える理想的な問題解決的な学習を，12名による論考を参考にしながら，自力で見出していただくことを願っている。そして，社会科授業づくりは極めて自律的で，自らの社会科観に支えられた多様なものであることをご理解いただきたい。

　なお，本書では，高等学校の地理歴史科と公民科を含んで「社会科」という用語を用いることにした。地理歴史科・公民科と社会科は異なる教科であるというご意見もあろうが，小中高の一貫性を強調する立場から，「社会科」として統一感を図ることを優先した。小中高の一貫性を保証するために，「問題解決的な学習」が重要な役割を果たすと考えている。また，小学校では「問題解決的な学習」が一般的で，中学校・高等学校では「課題解決的な学習」が一般的だが，本書では前者に統一することとした。本書で展開される議論を現在という一地点でとらえるのではなく，過去／現在／未来の時間軸の中でとらえる必要性を考えたときに，問題解決的な学習と課題解決的な学習を分けて考えるのではなく，前者に統一する方が賢明であると考えたためである。

　本書の出版にあたり，東洋館出版社の大場亨様には大変お世話になりました。本書が無事に刊行に漕ぎ着けたのは，ひとえに大場様のおかげです。励ましのお言葉に勇気づけられました。心より厚く御礼を申し上げます。

目　　次

第Ⅲ章　社会科の「問題解決的な学習」の〈未来〉

第 I 章

社会科の
「問題解決的な学習」の〈過去〉

社会科の「問題解決的な学習」の役割

筑波大学教授
唐木　清志

1　学習指導要領に見る「問題解決的な学習」

　社会科（地理歴史科，公民科を含む）にとって「問題解決的な学習」は本質である。本質とは「そのものにとって欠くことのできない，最も大切な要素」という意味だが，社会科を理解する上で問題解決的な学習は欠くことのできない大切な要素であって，その状況は今後も変わらないだろう。

　現行学習指導要領においても問題解決的な学習は重視されている。そして，その重要度は以前にも増して高まってきていると考える。そう考える理由を，学習指導要領から探ってみたい。

　第一に，社会科の目標に，問題解決的な学習に係る事項が明確に位置付けられている。例えば，小学校社会科の目標を旧学習指導要領と現行学習指導要領で比較してみると，次のようになる（下線筆者）。

【旧学習指導要領（平成 20 年告示）の小学校社会科の目標】

　社会生活についての理解を図り，我が国の国土と歴史に対する理解と愛情を育て，国際社会に生きる平和で民主的な国家・社会の形成者として必要な公民的資質の基礎を養う。

【現行学習指導要領（平成 29 年告示）の小学校社会科の目標】

　社会的な見方・考え方を働かせ，課題を追究したり解決したりする活動を通して，グローバル化する国際社会に主体的に生きる平和で民主的な国家及び社会の形成者に必要な公民としての資質・能力の基礎を次のとおり育成することを目指す。

　現行学習指導要領ではこの柱書部分に続き，三つの柱（「知識及び技能」「思考力，判断力，表現力等」「学びに向かう力，人間性等」）に沿った資質・能力の目標が示されるため，厳密には両者を比較することはできない。しかし，現行学習指導要領に「課題を追究したり解決したりする活動を通して」と問題解決的な学習に係る事項が追加されていることは事実である。そして，この事実は小学校社会科に限ったことではなく，中学校社会科や高等学校地理歴史科・公民科においても同様に見られる。

　次の表1は，小学校における各教科・領域の目標に着目し，その「見方・考

表1　各教科・領域等の目標の比較（筆者作成）

教科・領域	見方・考え方（〜を働かせ）	学習活動（〜を通して）
国語	言葉による見方・考え方	言語活動
社会	社会的な見方・考え方	課題を追究したり解決したりする活動
算数	数学的な見方・考え方	数学的活動
理科	理科の見方・考え方	見通しをもって観察，実験を行うことなど
生活	身近な生活に関わる見方・考え方	具体的な活動や体験
音楽	音楽的な見方・考え方	表現及び鑑賞の活動
図画工作	造形的な見方・考え方	表現及び鑑賞の活動
家庭	生活の営みに係る見方・考え方	衣食住などに関する実践的・体験的な活動
体育	体育や保健の見方・考え方	課題を見付け，その解決に向けた学習過程
外国語	外国語によるコミュニケーションにおける見方・考え方	外国語による聞くこと，読むこと，話すこと，書くことの言語活動
道徳	―	―
外国語活動	外国語によるコミュニケーションにおける見方・考え方	外国語による聞くこと，話すことの言語活動
総合的な学習の時間	探究的な見方・考え方	横断的・総合的な学習を行うこと
特別活動	集団や社会の形成者としての見方・考え方	様々な集団活動に自主的，実践的に取り組み，互いのよさや可能性を発揮しながら集団や自己の生活上の課題を解決すること

え方」と「学習活動」に係る箇所を抜き出して，表にまとめたものである。各教科・領域の特性が，この表からよくわかる。なお，「特別の教科　道徳」の目標からは，他教科・領域には見られる見方・考え方と学習活動を見出せない。

第二に，問題解決的な学習に関して，丁寧な説明がなされている。「小学校学習指導要領（平成29年告示）解説　社会編」（2017年）から該当箇所を抜き出してみると，次のとおりである（括弧内筆者）。

　「そうした活動〔課題を追究したり解決したりする活動〕の充実を図るには，小学校社会科においては，学習の問題を追究・解決する活動，すなわち問題解決的な学習過程を充実させることが大切になる。問題解決的な学習とは，単元などにおける学習問題を設定し，その問題の解決に向けて諸資料や調査活動などで調べ，社会的事象の特色や相互の関連，意味を考えたり，社会への関わり方を選択・判断したりして表現し，社会生活について理解したり，社会への関心を高めたりする学習などを指している。問題解決的な学習過程の充実を図る際には，主体的・対話的で深い学びを実現するよう，児童が社会的事象から学習問題を見いだし，問題解決の見通しをもって他者と協働的に追究し，追究結果を振り返ってまとめたり，新たな問いを見いだしたりする学習過程などを工夫することが考えられる。」

さらに，学習指導要領には「指導計画の作成と内容の取扱い」においても問題解決的な学習への言及がみられ，「解説」の該当箇所に説明がある。旧学習指導要領の「解説」では，中央教育審議会答申で学習指導要領改善の基本方針が示され，そこで問題解決的な学習の重要性が求められていることに言及する程度であったのに比べると，その扱いが大きくなっているのが特徴である。

ざっと，学習指導要領の関連箇所に注目するだけでも，今日の社会科で問題解決的な学習が重視されていることがわかる。そして，このように言及箇所が増えているという事実以上に大切なことは，問題解決的な学習の役割が，学習活動の充実を図るためだけでなく，持続可能な社会の担い手の育成のためにも重要であると考えられている点である。

2　学校教育における「問題解決的な学習」の重要性と社会科の役割

　学習指導要領の改訂のたびに，改訂を特徴づけるキーワードが注目される。以前の改訂であれば「ゆとり教育」「生きる力」「言語活動」などが該当し，今次改訂であれば「社会に開かれた教育課程」「見方・考え方」「主体的・対話的で深い学び」などがこれに該当する。こういったキーワードは改訂時の重要概念であり，学校教育全体はもちろんのこと，個別の教科・領域にも大きな影響を及ぼして授業づくりを規定していくことになる。問題解決的な学習も，ここまでに触れたとおり，見方・考え方や主体的・対話的で深い学びと深く関連づけられ，社会科授業づくりを方向づける重要概念の一つになっている。

　しかし，ここで忘れてはならないことがある。それは，今次改訂の重心をどこに見出すかということである。重心は「持続可能な社会の担い手」という点にあり，そのための社会に開かれた教育課程であり，問題解決的な学習であると理解するのがより適切な学習指導要領の解釈であると，筆者は考える。

　「改訂の経緯」を述べた中に，次の箇所があることに注目していただきたい（「小学校学習指導要領（平成29年告示）解説　社会編」2017年）。

　　「このような時代にあって，学校教育には，子供たちが様々な変化に積極的に向き合い，他者と協働して課題を解決していくことや，様々な情報を見極め知識の概念的な理解を実現し情報を再構成するなどして新たな価値につなげていくこと，複雑な状況変化の中で目的を再構築することができるようにすることが求められている。」

　「このような時代」とは，社会が急速に変化し，予測が困難な時代を迎えていることを指している。そして，それに続く文章において，「課題を解決していくこと」と述べている点に注目することが必要である。

　社会科に関心があり，その中でも特に学校教育現場で日々授業を実践されている先生方であれば，問題解決的な学習と言えば「社会科授業における問題解決的な学習」というとらえになるだろう。しかし，問題解決的な学習には，そのように社会科授業を活性化させる以上の働きがある。問題解決的な学習の究極的な役割は，社会に見られる課題を解決し，望ましい社会を創り上げるに足

る資質・能力の育成，つまり，持続可能な社会の担い手の育成にある。

　社会科授業づくりの充実に，問題解決的な学習を役立てることは望ましいことである。しかし，そこに留まっていたのでは，問題解決的な学習のより適切な理解にはたどり着かない。より広い視野から問題解決的な学習をとらえるべきである。後述するが，社会科の歴史を紐解けば，それが避け難く社会科の担うべき使命であったことがわかる。

　また，問題解決的な学習に注目することで，学校教育において社会科の果たす役割が重要であることに気づくことができる。今や問題解決的な学習は，社会科をはじめとする特定の教科で展開されるに留まらず，学校教育全体で展開されるものとなっている。問題解決的な学習の重要性を学校教育全体に広く行き渡らせていくこともまた，社会科を担当する教員の役割と言えよう。

3　社会科の「問題解決的な学習」が抱える課題

　次のように考える方がいるかもしれない。つまり，社会科に問題解決的な学習はすでに十分に根付いているではないか，と。教科書を開けば，そこでは特に小学校を中心としてすでに，子どもが問題解決的な学習の過程をたどれるように紙面が構成されており，一見するとその考えは的を射ているようにも思える。問題解決的な学習の過程に沿った教科書の作り方は，近年では中学校，高等学校へとひろがってきており，問題解決的な学習において基本となる「学習問題（課題）」の設定もまた，もはや教科書レベルでも実際の社会科授業のレベルでも一般的である。社会科を担当する教師の中に，自身の授業ではすでに問題解決的な学習を展開していると考える方がいても決して不思議ではない。

　しかし，そうして社会科では当たり前となってきた問題解決的な学習にも，当然のことながら課題はある。そもそも，問題解決的な学習が今日ほどに当たり前となっている現在においてもなお，教師主導の一方通行の社会科授業が少なからず存在することは，どこかに課題があると考えざるをえないのである。そして，その課題は実に解決困難なものである。

　社会科の抱える問題解決的な学習に関する課題を，以下に三点から述べる。
　第一に，社会科における問題解決的な学習が極めて「画一化」されて成立し

ていることである。問題解決的な学習の特徴の一つに，学習過程がある。学習指導要領の「解説」等をはじめとする公的な文書では「問題把握→問題追究→問題解決」として示され，小学校社会科教科書であれば「つかむ→調べる→まとめる→いかす（深める）」といったように明記されているものである。このように，問題解決的な学習の学習過程に着目し，学習段階から問題解決的な学習をとらえる方法は大変合理的なものといえよう。昨今の教育改革で強調されている「何を学ぶか」に加えて「どのように学ぶか」「何ができるようになったか」も大切にするという発想にも合致する。しかし，その合理的でわかりやすい問題解決的な学習の示し方が，結果として，問題解決的な学習の画一化を生み出す要因となっている。問題解決的な学習における学習過程（学習段階）が一種の「型」として成立してしまっており，その型の中できゅうきゅうとしながら授業を展開する教師が少なからず存在するのである。さらにいえば，型さえ守ればそれで，社会科に問題解決的な学習が成立すると考えてしまう教師も決して少なくはない。問題解決的な学習は本来，子ども一人ひとりの個性を活かしながら展開されるものであるのにもかかわらず，結果として教師主導の問題解決的な学習が数多く展開されていることは大変残念なことである。

　第二に，社会科における問題解決的な学習の「問い」が，児童生徒にとって自分事になっていないことである。これは，第一の課題とも深くかかわる。問題解決的な学習の基本は「子ども一人ひとり」ということである。「どのように学ぶか」に目を向け，学習過程を強調することばかりではない。優先されるべきは前者（「子ども一人ひとり」）であって，後者（「学習過程」）はそれを支援する推進役として役立てられるべきである。教室に一つの学習問題（課題）があるが，その受け止め方は子ども一人ひとりであって，子どもの中にこそ問題解決的な学習が成立すると考えるべきであろう。社会科授業に問題解決的な学習を成立させるのではなく，子ども一人ひとりの中に問題解決的な学習を成立させることこそが目指される必要がある。そのために「問い」が重要な役割を果たす。例えば，「自然災害の被害を少なくするために，誰がどのような取り組みを進めているか」という学習問題に対して，実際に自然災害を経験した子どもと経験しなかった子どもでは，その学習問題のとらえ方は異なるはずである。このとらえ方の違いに注目し，そこに見出されるものが，子ども一人ひとりの

個性的な「問い」である。もちろん，学習問題が設定された始めの段階から「問い」を持てる子どもばかりではなく，徐々に「問い」を深めていく子どももいる。留意すべきは「学習問題＝問い」を超えて「学習問題→問い」とならなければ，子どもは学習問題を自分事にとらえられないということである。そうでなければ，子どもの追究意欲は高まらないし，問題解決的な学習の学習過程もスムーズには進められない。

　第三に，社会科における問題解決的な学習が，子どもの「社会参画」を保証するものとして考えられていないことである。問題解決な学習は，社会科授業において完結するものではない。問題解決的な学習を通して，子どもが問題解決のスキルを身に付けるという観点が重視されなければならない。身に付けられた問題解決のスキルを将来の社会生活において生かすことで，子どもの社会参画は保証されることになる。後述するとおり，第二次世界大戦直後の社会科の成立期の段階では，問題解決的な学習を通して，子どもたちに問題解決のスキルを身に付けさせることが考えられていた。また，昨今の社会科授業改革においても，社会的な課題を積極的に教材化して単元を開発し，その課題の解決策を子どもたちに考えさせる授業が盛んに実践されているが，こういった授業づくりが目指しているものもまた，将来の市民としての子どもに問題解決のスキルを身に付けさせることである。先に触れた「自然災害の被害を少なくするために，誰がどのような取り組みを進めているか」という学習問題に基づく授業であれば，防災・減災に関わる社会のしくみを理解させるために問題解決的な学習が役立てられる他に，将来子どもがそのような課題に直面した時に，課題の解決に積極的に関与し，望ましい社会づくりに貢献できるようになることを念頭に置いて授業は構想されなければならない。子どもの社会参画を見据えた社会科授業づくりが必要とされている。小学校３年生から高等学校３年生までの10年間で継続的に問題解決的な学習を展開できれば，子どもに問題解決のスキルを身に付けさせることも十分に可能となる。

　以上三点より，社会科の問題解決的な学習の抱える課題を述べた。「画一化」「問い」「社会参画」に係る課題を乗り越えることではじめて，社会科授業において問題解決的な学習は成立すると考えられる。もちろん他の観点より，問題解決的な学習の課題を述べることもできる。しかし，いずれにしても大切なこ

とは，問題解決的な学習を社会科授業に導入する前に，「問題解決的な学習とは何か」を今一度問うてみることである。すでに述べたとおり，問題解決的な学習は社会科の本質である。したがって，その問いへの答えを探そうとすることは，社会科がどういう教科なのかを改めて考えてみることにつながる。社会科ではなぜ，問題解決的な学習を大切にするのか。そのことを考えるにあたり差し当たって重要なことは，社会科教育の歴史を学んでみることである。

第 **2** 節

社会科教育史から見た「問題解決的な学習」

筑波大学教授
唐木　清志

1　社会科においてなぜ問題解決的な学習が大切なのか

　70 年以上の歴史を有する日本の社会科教育史から，今日の問題解決的な学習を考える上で重要だと思われる論点を選び出し，過去から現在へと順次，本節において説明を加えていくことにする。なお，紙幅の関係より，論点の選び方が限定的であることをあらかじめ断っておく。問題解決的な学習（問題解決学習）に関しては，書名にそれが記された研究図書がいくつもあり（市川 2015，今谷 1991，谷川 1993，藤井 1996），実践図書・論文となると膨大である。適宜，関連図書等を参照の上，問題解決的な学習の理解に努めていただきたい。

　さて，本題である。第二次世界大戦後，日本に教科「社会」が誕生した。日本で初めての学習指導要領（「学習指導要領一般編（試案）」）が 1947（昭和 22）年 3 月に公表され，そこに教科「社会」が記されたのである。その上で，社会科授業は，同年 9 月より開始された。戦前の国家主義的な学校教育を廃し，戦後日本に民主主義を根付かせることを目的として，当時さまざまな学校教育改革が推進されたが，その目玉ともいうべき施策の一つが社会科の成立であった。

　「学習指導要領一般編（試案）」に続いて同年 5 月に公表された，小学校社会科の詳細をまとめた「学習指導要領社会科編（Ⅰ）（試案）」において，その冒頭，「社会科とは」として次のような記述がある。

　　「今度新しく設けられた社会科の任務は，青少年に社会生活を理解させ，
　　その進展に力を致す態度や能力を育成することである。そして，そのために
　　青少年の社会的経験を，今までよりも，もっと豊かにもっと深いものに発展

させて行こうとすることがたいせつなのである。」

　社会科の目的が社会の「進展に力を致す態度や能力を育成すること」となっており，さらに「青少年の社会的経験を」発展させるところまで踏み込んでいるところから，この当時の社会科において，その根幹を「社会参画」が支えていたことがわかる。

　1947（昭和22）年版学習指導要領と1951（昭和26）年版学習指導要領に基づく社会科を，一般に「初期社会科」と呼ぶ。そして，そこでは問題解決的な学習が主たる学習方法として注目されていた。

　その事実を確認できる資料として，1948（昭和23）年に公表された「小学校社会科学習指導要領補説」がある。この書は，新しく誕生した社会科の授業づくりをめぐり学校教育現場が大いに混乱していることを鑑み，社会科の教育課程や教育方法などを詳しくまとめて，改めて説明したものである。そこでは，社会科に特徴的な「教育方法」として，次のような説明がなされている。

　　「児童たちにとって意味のある活動は，これを根本的に考えれば，彼等が
　　生活上直面する問題の解決の過程の中に起こってくるものであります。社会
　　科は，児童に問題解決の活動をいとなませ，その生活経験を発展させていこ
　　うとするものでありますから，児童は社会科を勉強すれば勉強するほど，他
　　の教科の必要をも感じてきます。そしてまた他の教科で得た知識や技能は，
　　社会科の中で生かされ，さらに反復練習の機会が与えられるわけです。」

　「問題解決」に言及するとともに，社会科の学びが他教科の学びとの往復運動において成立することに触れている点は，今日に通ずる重要な観点である。

　1950（昭和25）年，文部省は「小学校社会科学習指導法」を公表し，社会科における学習指導法のさらなる深化を図る。そこでは，より明確に「問題解決」への言及が見られる。具体的には，「社会科の学習は，ある意味では問題の解決のしかたを学ぶことであるとも言うことができます」と述べた上で，「問題解決の諸段階」を以下のとおり説明する。

　　「その典型的な段階としては，次のようなものが考えられます。(1)児童が
　　問題に直面すること。(2)問題を明確にすること。(3)問題解決の手順の計画を
　　立てること。(4)その計画に基づいて，問題の解決に必要な資料となる知識を
　　集めること。(5)知識を交換し合うこと。そして集められた知識をもととして，

問題の解決の見とおし，すなわち仮説をたてること。(6)この仮説を検討し，確実な解決方法に到達すること」

　ここから，問題解決的な学習の学習過程が，今日考えられている「問題把握→問題追究→問題解決」のように学習段階として記されていたことがわかる。問題解決的な学習は，上記(1)〜(6)をたどり，問題解決のしかたを学ぶ（問題解決のスキルを身に付ける）ものとして考えられていたのである。

2　問題解決的な学習の「問題」は　　子どもの問題か社会の問題か

　先に引用した「小学校社会科学習指導要領補説」（1948年）に，「彼等〔子どもたち〕が生活上直面する問題の解決」という一節があった（括弧内筆者）。ここに注目すれば，問題解決的な学習の「問題」は，「子どもの問題」ということになる。子どもが生活上で直面する問題を取り上げ，その解決の仕方を社会科授業において考えさせるというものである。当時は，学習指導要領のレベルでも，実際の授業のレベルでも，このとらえ方が一般的であった。

　その一方で，これとは異なるとらえ方もある。それは，問題解決的な学習の「問題」を，「社会の問題」ととらえる考え方である。

　この考え方に基づく社会科授業として，例えば，小学校第5学年における永田時雄「西陣織」の授業がある（於京都市立日影小学校，永田他 1954）。京都市中京区には，西陣織を取り扱う問屋が数多く存在する。本授業で西陣織を教材として取り扱った理由は，子どもにとって身近であるから，また，西陣織が小零細経営で封建的な生産組織の下で生産されているなど，日本の中小企業問題を体現しているからである。授業は西陣織の生産工程を調べ，工場見学を行い，さまざまな調査活動を通して，西陣織の抱える問題点とその原因を究明するという手順で展開された。さらに，他地域（桐生と福井）との比較を通して，最終的に，子どもが西陣織の今後を提言するという単元構成になっていた。

　また，中学校第3学年における吉田定俊「水害と市政」の授業も，問題解決的な学習の「問題」を「社会の問題」ととらえて実施されたものである（於熊本大学教育学部附属中学校，吉田他 1953）。1953（昭和28）年6月，熊本市は大水

害に見舞われ，多数の死者・行方不明者が出た。この事態に直面した吉田は早速教材化を進め，子どもにとって正に生活上で直面した問題である水害を社会科授業において取り上げた。本授業の興味深いところは，生徒に市の水害政策の不備を追究させた点である。具体的な調査活動，水害への取り組みに対する歴史的な検討，外国における河川（治山治水）改修との比較をとおして，最終的に，生徒は熊本の水害計画のこれからに関するレポートを作成する。

　二つの実践は，日本生活教育連盟が問題領域として提案した「日本社会の基本問題」に立脚するものである（日本生活教育連盟編 1955）。そこでは，「1．災害問題」「2．健康問題」「3．農山漁村問題」「4．中小企業問題」「5．工業，労働問題」「6．現代文化の問題」「7．社会計画化問題」「8．現代政治の問題」「9．民衆と平和の問題」の九つの社会問題が取り上げられていた。世相を反映させた内容だが，今日の社会科授業において社会問題（「社会に見られる課題」や「現代の諸課題」）を教材化する際にも十分に通用する観点であろう。

　問題解決的な学習の「問題」を，子どもの問題なのか社会の問題なのかと問うことは実はナンセンスであるのかもしれない。先に紹介した二つの実践からも明らかなとおり，問題解決的な学習で取り上げる「問題」は，子どもにとっても社会にとっても切実な問題である。今日の社会科授業では，切実な社会問題を取り上げて単元構成を図ることが一般的となっているが，その場合には，取り上げる社会問題が子どもにとっても切実なものとならなければならない。

3　問題解決的な学習における教材で 「切実」はどう考えられるべきか

　初期社会科において重視された問題解決的な学習は，その後に学力低下といった批判を各所より受け，系統的な学習が優勢になるにつれて衰退を余儀なくされる。しかしだからといって，それで問題解決的な学習の考え方そのものが否定されたというわけではない。問題解決的な学習のエッセンスはその後も引き継がれ，社会科授業づくりの際には少なからず重視されていた。

　一般に「切実性論争」と呼ばれる論争から，問題解決的な学習について考えてみることは重要である。問題解決的な学習では，子どもにとって切実な問題

をどうしても取り上げなければならないのか。社会科で教材開発を行うにあたり，この観点は避けて通ることができないものである。

　切実性論争は，1982（昭和57）年8月，民間教育団体・社会科の初志をつらぬく会の全国集会おける，有田和正の「道の変化とくらしの変化」（小学校第3学年）に関する実践報告に端を発する。有田の実践の特徴は，子どもの固定観念をゆさぶる意表をついた教材を教師から子どもに示し，追究のエネルギーを引き出そうとする点にある。これに対して，全国集会で「授業で取り上げた教材は子どもにとって切実な問題であったのか」と批判を受ける。この批判に対し，有田は「子どもたちの現在の生活には，解決しなければならないような切実な問題は存在しないのである。…（中略）…最初は切実な生活の問題ではないけれども，追究しているうちに生活の根になるところではちゃんと関連しているのである」と応える（有田1984）。さらに，この回答に対し，小学校教師・長岡文雄は「『〈この子〉にとっての意味』の洞察が弱くなってはいないか。教材優位，教師優位で走りかけてはいないか」（長岡1985）と批判を加える。

　問題解決的な学習では，この「（子どもにとっての）切実な問題」をどのようにとらえるべきか。「切実な問題」については，「小学校学習指導要領社会科編（試案）」（1951年）においても触れられていた。次のとおりである。

　　「かれらが実生活の中で直面する切実な問題を取りあげて，それを自主的に究明していくことを学習の方法とすることが望ましいと考えられる。なぜなら，児童がかれらにとって切実な現実の問題を中心にして，じぶん自身の目的と必要と関心によって自主的に社会生活を究明してはじめて，もろもろの社会事象がかれらにとってどのような意味をもつかが明らかとなり，したがって，これに対するかれらの立場も自覚されてくるからである。」

　問題解決的な学習を進めるにあたり，単元や授業の最初に学習問題なり学習課題なりを提示して，社会科授業を始めるのが一般的である。その際，その学習問題や学習課題が「子どもにとって切実なのか」と多くの教師が悩まれるのではないだろうか。この悩みは，今に始まったことではなく，社会科の成立期より継続的に議論されてきたということになる。

　なお，この切実性論争を，谷川彰英は「2つの切実性」という形でまとめている（谷川1985a）。一つは「方法としての切実性」である。それは「学習はす

べて子どもにとって切実な問題からはじめなければならない」という見方であり，先の長岡はこの立場にある。もう一つは「認識における切実性」である。これは「人間が生きる上で何が切実かを認識する」という見方であり，外から意図的に教材を提示し，その切実性を子どもに認識させようとする立場であって，有田はこの立場になる。その後谷川はこの考え方を整理して，前者を「切実である派」，後者を「切実になる派」としてまとめた（谷川 1985b）。

　社会科授業における教材はどうあるべきか，問題解決的な学習において子どもの切実性をどう高めるか。切実性論争から学べることは多い。

4　問題解決的な学習において子どもの主体性を どう確保するか

　問題解決的な学習において，子どもの主体性が大切であることは言うまでもない。経験主義に基づく問題解決的な学習の理論では，子どもが今ここにある問題に，絶え間ない経験の連続によって取り組み，問題を解決することが重視される。それが「問題解決学習」であり，米国のデューイ（J. Dewey）によって「①問題状況→②問題設定→③仮説の構成→④推論→⑤仮説の検証」と定式化されたものである（デュウイー 1950）。そして，この学習過程は，教師がたどらせるものではなく，子ども自らが主体的にたどっていくものとされる。

　一方で昨今の教育改革では，「子どもに問題解決の過程をたどらせ，問題解決力を身に付けさせる」という発想に基づく問題解決的な学習が中心となっている印象を受ける。「どのように学ぶか」「何ができるようになるか」に着目すれば，それも正しいことのように思える。しかしここで考えなければならないことは，教師の指導性を発揮しつつも，問題解決的な学習において子どもの主体性を確保するためにはどうすればよいかということである。

　すでに述べたとおり，戦後直後の社会科では，問題解決的な学習が中心的な学習指導法と考えられていた。しかし，その後の社会科教育の展開の過程で，必ずしも主流の学習指導法であり続けたわけではない。それが時代を超えて 1980 年代後半以降になると，再び注目されるようになる。

　1989（平成元）年の学習指導要領改訂では，「自ら学ぶ意欲と社会の変化に

主体的に対応できる能力の育成を図る」ことを学校教育の基本に据え，「新しい学力観」が提唱された。さらに，1998（平成10）年・1999（平成11）年の学習指導要領改訂では，いじめや不登校の増加といった教育問題が顕在化し，国際化や情報化といった社会の変化に関心が寄せられ，「ゆとり」ある環境下で，自ら学び自ら考える力を意味する「生きる力」を育成することが目指された。こうした中で，社会科の問題解決的な学習が再評価されるようになる。具体的には，1998（平成10）年・1999（平成11）年の学習指導要領改訂で，小学校と中学校では「問題解決的な学習」が，高等学校では「課題解決的な学習」の実施がそれぞれ強調された。その趣旨は，教師主導で知識の教え込みになりがちな社会科授業を退け，子どもの主体性を重視しながら，調べ方や学び方を学ばせるという観点より学習過程を大切にして，問題解決的な学習の導入を図るというものであった。学習指導要領において問題解決的な学習が重視されるのは，初期社会科以来である。問題解決的な学習の「復活」とも言える。

　その後も継続的に，社会科で問題解決的な学習が重視されているのは周知のとおりである。2007（平成19）年・2008（平成20）年の学習指導要領改訂で，ゆとりから基礎・基本へと舵が切られ，授業時間数の増加が実施されることになるわけだが，そのような中でも問題解決的な学習の重視は変わらなかった。

　さて，子どもの主体性に関する議論へと話を戻そう。ここ30年ほどの学校教育・社会科教育改革は，一見すると問題解決的な学習に着目して子どもの主体性を重視しているようにみえる。しかし，実際のところは，教師主導の問題解決的な学習の成立を可能とする土壌を形成しつつあると言えないだろうか。つまり，子どもの主体性を確保すべく，問題解決的な学習に過度な負担をかけてしまった結果，あれこれと制約が増えてしまって，問題解決的な学習の自由度がますます奪われているのではないか，ということである。

　危険を回避するヒントは，すでに示されている（澤井・唐木2021）。例えば，学習指導要領において「単元や題材など内容や時間のまとまりなどを見通して」として記された「単元」であれば，単元には「教材単元」と「経験単元」の二つがあるということに留意すべきである。教師は教育内容のまとまりから教材単元を開発するが，その中で子どもの絶え間ない経験の連続（「経験単元」）がどう確保されているかに気を配る必要がある。また，「問いの構造化」にも

注意が必要である。過度な問いの構造化は決して子どもが問いを生み出すことにはつながらず，教師の考える問いへと子どもを誘ってしまうおそれがある。教室には一つの学習問題・学習課題があるが，そのとらえ方は子ども一人ひとりで異なり，子どもの数だけ問いは存在すると考えるべきである。

　問題解決的な学習の成立は，決して簡単なものではない。子どもとどう向き合うかという点が，社会科の問題解決的な学習の原点となるべきである。

〔引用文献・参考文献〕
・有田和正「長岡文雄の主張を授業で検証して」，『授業研究』270，1984 年，pp.75-84
・市川博『子どもの姿で探る問題解決学習の学力と授業—実感的なわかり方と基礎・基本—』学文社，2015 年
・今谷順重編著『小学校社会科・新しい問題解決学習の授業展開—社会変化への合理的意志決定能力を育てる—』ミネルヴァ書房，1991 年
・澤井陽介・唐木清志編著『小中社会科の授業づくり—社会科教師はどう学ぶか—』東洋館出版社，2021 年
・谷川彰英「"切実な問題"とは—切実性の検討—」，『考える子ども』159，1985 年 a，pp.4-9
・谷川彰英「社会科にとって"教材の切実性"とは何か—切実さの中味と必要性を検討する—」，『教育科学社会科教育』273，1985 年 b，pp.5-24
・谷川彰英『問題解決学習の理論と方法』明治図書出版，1993 年
・デューイー（植田清次訳）『思考の方法』春秋社，1950 年
・長岡文雄「有田和正氏の論文を読んで考える—すぐれた授業はどこが違うか（本誌 84 年 9 月号）—」，『授業研究』274，1985 年，pp.96-98
・永田時雄他「日本社会の基本問題と単元学習 6　単元『西陣織』〈中小企業〉（5 年）の研究」，『カリキュラム』62，1954 年，pp.48-58
・日本生活教育連盟編『社会科指導計画（総括編）—生活教育の前進Ⅵ—』誠文堂新光社，1955 年
・藤井千春『問題解決学習のストラテジー』明治図書出版，1996 年
・吉田定俊他「日本社会の基本問題と単元学習 4　単元『水害と市政』の検討」，『カリキュラム』60，1953 年，pp.41-51

第Ⅱ章

社会科の
「問題解決的な学習」の〈現在〉

社会や環境に関わる課題の解決志向型の
社会科学習の提案

群馬大学准教授
宮﨑　沙織

1　社会科の「問題解決的な学習」とは何か

⑴　VUCA な社会を生きていくための問題解決

　私が考える社会科の「問題解決的な学習」とは，「子ども自ら社会の中にある課題に気づき，その課題解決を目指して，学習問題を立て追究し社会のあるべき姿を構想する学習」である。1990 年代前後より，現代社会は，VUCA な社会といわれ，変動性（Volatility）・不確実性（Uncertainty）・複雑性（Complexity）・曖昧性（Ambiguity）のある社会である。したがって，そのような現代社会には，社会や環境に関わる課題が数多く存在し，それらの課題は，複雑に絡み合い，因果関係が不明で，前例のないものが多い。つまり，これまでのやり方では通用しない状況にある。

　そのような社会を生きる子どもたちに従来のような現状の社会認識を目指すような問題解決的な学習を行うだけでは，到底それらの社会や環境に関わる課題の解決に取り組むことはできないだろう。そこで，私は，「解決志向（Solution-focused）型」という考え方に着目した。解決志向型は，従来の物事を細かく分析して問題の根源を追究する原因追究や要素還元的なアプローチとは異なる。それは，未来予測も含めた社会のあり様を創造し，解決のための社会構造を構築するものである。

　解決志向型は，黒沢・渡辺（2017）によると，もとは 1980 年代にアメリカ合衆国ミルウォーキーにある BFTC（Brief Family Therapy Center：短期家族療法センター）で提唱された心理療法のアプローチであり，臨床心理学領域での発

展がみられ，ビジネスや経営学，教育で応用されているアプローチである。「何がいけないのだろう？」と考える代わりに「自分が望む未来を手に入れるために，何が必要なのだろう？　何が出来るのだろう？　どうやったらできるのだろう？」と考え，解決策を創りあげていく。例えば，学級経営の分野では，クラスのできていることやいいところに着目して，よりよいクラスづくりを目指す実践報告もある。クラスの問題の責任を子どもたちに負わせるのではなく，クラスの解決（よりよい状態）に責任を負わせる考え方である。

　以上より本稿では，この解決志向型を導入し，子どもたちが VUCA な社会を生きぬき，よりよい社会の構築を目指す問題解決的な学習を提案したい。

(2)　社会科で解決志向型を実現するための手立て

　社会科で解決志向型の問題解決的な学習を導入するのであれば，必然的に「どうしたらよいか」を含めた学習問題を立てることになる。

　例えば，地方都市の中心市街地の多くが，シャッター街化しているのは周知のことだろう。従来の問題解決的な学習であれば，なぜ中心市街地がシャッター街化しているかという原因追究の問いが先になる。一方，解決志向型では，どうしたら中心市街地は活性化するかという問いを優先させる。原因追究を中心にすると，中心市街地の現状調査や周囲の大型ショッピングモールとの関係などを分析することになる。一方，解決志向型になると，中心市街地活性化のために何をしているのか，という材料をあつめ，その中で様々な課題とのつながりを発見し，よりよい解決を目指すことになる。

　原因追究では，問題の理由は明らかになっても，簡単には解決につながらないのである。実際に子どもたちに解決策を考えさせたが，それらは既に取り組まれていた，もしくは現実ばなれした提案になった，ということはないだろうか。また，問題の一因に自分たちの行動があると帰結することで，問題の責任を子どもたちに負わせて終わりにしていないだろうか。社会や環境に関わる問題の責任は，子ども一人一人の行動にあるというよりも，現在の社会の構造やシステムにあるのである。

　2015 年の国連 SDGs の採択により，より社会・環境に関わる課題解決の取り組みが可視化され積極的に行われるようになった。社会や環境に関わる解決

の取り組みをデータベース化し，紹介している NPO 法人のサイトもある。その他，NPO 法人だけでなく，企業や行政なども，各々の社会的課題解決への取り組みをサイトや書籍などで紹介している。つまり，解決に向けた取り組みに関する情報は，子どもから大人まですぐに得られる状況になっているのである。これからの社会科では，「持続可能性」という共通価値をゴールに見据えた新たな社会づくりを目指す社会的事象に目を向けるべきではないだろうか。

　以上より，社会科で解決志向型を実現するためには，未来志向の持続可能な社会の実現をゴールに見据えた，社会や環境に関わる課題と解決に向けた取り組み（社会的事象）に目を向けた学習内容構成が必要であると考える。

2　社会科の「問題解決的な学習」の現状と課題

　現在の社会科の解決志向型の現状と課題をとらえるために，まずは現行の小学校学習指導要領（2017 年版）と教科書の記述に着目する。現行の学習指導要領の小学校社会科の目標では，新たな資質・能力の 3 本柱のうちの 1 つである「思考力，判断力，表現力等」で「社会に見られる課題」が位置付けられ，次のように記している。

　　「社会的事象の特色や相互の関連，意味を多角的に考えたり，社会に見られる課題を把握して，その解決に向けて社会への関わり方を選択・判断したりする力，考えたことや選択・判断したことを適切に表現する力を養う」（下線部は筆者）

　特に，上記下線部については，小学校学習指導要領解説社会編（以下，「社会解説」と略記）では，次のように説明している。

　　「解決に向けて」とは選択・判断の方向性を示しており，よりよい社会を考えることができるようにすることを目指している。
　　「社会への関わり方を選択・判断する」とは，社会的事象の仕組みや働きを学んだ上で，習得した知識などの中から自分たちに協力できることなどを選び出し，自分の意見や考えとして決めるなどして，判断することである。（中略）こうした事実を学んだ上で，私たちはどうすればよいか，

　これからは何が大切か，今は何を優先すべきかなどの問いを設け，取組の
意味を深く理解したり，自分たちの立場を踏まえて現実的な協力や，もつ
べき関心の対象を選択・判断したりすることなどである。（下線部は筆者）

　下線部で示した「よりよい社会を考えること」や「私たちはどうすればよい
か」という点は，まさに解決志向型の考え方である。しかし，波線部の「社会
的事象の仕組みや働きを学んだ上で」という部分に着目すると，社会構造の現
状把握をした上で，社会に関わる課題の析出をし，解決（よりよい社会のあり様
やどうすればよいか）を目指すようなプロセスを示しているように見える。よっ
て，現在の社会科では，解決志向型の考え方は導入されつつあるが，社会の仕
組みや働きなど社会の現状認識を前提としている。
　次に，具体的な学習内容に着目したい。事例として，第5学年内容(5)「我が
国の国土の自然環境と国民生活との関連」の「森林」の扱いを取り上げる。
　社会解説では，「森林」に関わる単元は，国土の森林面積の割合や森林の働
き，森林の保全に従事する人々の取り組みについて調べることを通して，森林
資源の果たす役割や森林資源を保護していくことの大切さについて学習するこ
とを記している。なお，内容の取扱い(5)のウの記述で，「国土の環境保全につ
いて，自分たちにできることなどを考えたり選択・判断したりできるよう配慮
すること」とあり，森林に関わる社会に見られる課題をとりあげ，自分たちに
できることなどを考えさせる場面も想定される。
　表1は，A社とB社の教科書の構成で，教科書の見開き1頁ごとの中心的
な課題（○）や単元を貫く学習問題，社会的課題（・），解決のための取り組み
（☆）をまとめている。まず，A社については，人工林に焦点化しながら，単
元の前半で社会的課題を，後半で解決のための取り組みをグラデーションのよ
うに課題から解決の取り組みへと掲載し，終末では「自然を守るために私たち
に何ができるか」を考えさせている。一方B社は，森林の働きに焦点化しな
がら，森林の価値と利用を追究するような順序で，終末には環境を守ることに
ついて考えさせている。A社は，B社に比べ，社会的課題を積極的に挙げ，そ
の解決の取り組みを踏まえながら，終末に向かっている。しかしながら，どち
らも森林とわたしたちの暮らしとを徐々につなげていこうとするアプローチに

みえる。特に解決志向型の問いは，どちらも単元の終末のみで，子どもたちが
これからの森林保全に関わることへの責任は最後に示されている。

　以上より，現在の社会科では，現行の学習指導要領の育てたい資質・能力と
して，社会に見られる課題を扱い，解決志向の記述が見られる。一方，学習内
容構成としては，現状把握から社会に関わる課題を見出し解決策を考える学習
構成が見られ，社会や環境に関わる問題と解決は単元後半に多く扱われている。

表1　第5学年「国土の森林」に関わる単元の教科書構成

	A社「森林とわたしたちのくらし」	B社「わたしたちの生活と森林」
1	【学習問題】 人工林は，どのように手入れされているのだろう，また，わたしたちのくらしとどのような関わりがあるのだろう。 ・花粉症	○日本の森林はどのようになっているのでしょうか。 ・土砂崩れ
2	○林業で働く人々は，どのような仕事をしているのだろう。 ・林業従事者の減少と高齢化 ・木材の国内生産量の低下	【学習問題】 森林にはどのような働きがあり，わたしたちの生活とどのようなかかわりがあるのでしょうか。
3	○手入れをしない人工林が増えると，森林はどうなるのだろうか。 ・人工林の土砂崩れ	○白神山地では，どのような森林の働きがあるのでしょうか。 ☆世界自然遺産
4	○国産木材の利用量を増やすために，どのような取り組みがおこなわれているのだろう。 ☆間伐材マーク ☆木質バイオマス ☆公共施設の国産木材利用	○林業で働く人は，どのように森林を利用しているのでしょうか。 ・林業従事者の減少 ☆木質バイオエネルギー
5	○自然を守るために，どのような取り組みがあるのだろう。 ☆ナショナルトラスト運動 ☆世界自然遺産 ☆ラムサール条約	○森林にはどのような働きがあり，森林資源はどのように利用されているのでしょうか。 ☆木材の活用
6	○自然を守るために，わたしたちに何ができるのだろう。 ◎木材商品の積極的利用 ◎森林に関心をもつ ◎自然を守る活動への参加等	○森林の働きについてまとめ，環境を守ることについて考えてみましょう。 ☆森林教室 ◎木材商品の積極的利用 ◎植樹体験への参加等

○本時の課題　・森林に関わる課題　☆解決策　◎子どもが考えた解決策

3　理想とすべき社会科の「問題解決的な学習」

(1)　解決志向型の問題解決的な学習に必要な考え方

　現行の学習指導要領の枠組みでは，解決志向型の事例単元を実践できないことから，今回は事例単元の開発を行った。対象は，第5学年の国土の森林で，解決志向型の構成に改変した。解決志向型の問題解決的な学習の提案に際して，3つのアプローチを導入した。それは，システム思考を用いたアプローチとシナリオ・プランニング，持続可能性に関わる概念である。

①　社会を構造的にとらえ，変容を考えるシステム思考

　システム思考とは，持続可能な社会づくりのために，相互につながった要素や問題を全体的にとらえ，解決策を見出そうとする能力のことである。日本では，ESD 及び SDGs の教育の普及（佐藤・広石（2018）等）や枝廣淳子氏等による著書（枝廣・内藤（2007）等）によって，システム思考が紹介されている。システム思考では，図1の氷山モデルのように，事象や出来事に潜む構造や意識的無意識的な人や社会のもつ価値観や信念をとらえることを重視している。

図1　システム思考の氷山モデル（筆者作成）

　事例単元では，この氷山モデルを学習構成原理の一つに用いた。花粉症や熊・イノシシの出没などの出来事から日本の森林管理の問題構造や安価品嗜好や山村離れなどの問題構造や社会のもつ信念への気づきという社会問題の把握と，解決にむけた持続可能な森林管理構造の立案など，主に学習問題をつかむ場面で導入した。

②　不確実性への対応と複数の未来を考えるシナリオ・プランニング

　シナリオ・プランニングとは，キース・ヴァン・デル・ハイデン（1998）を代表に，未来予測（不確実性）を踏まえた多様な立場による複数のシナリオ作成・検討を行うビジネス戦略や政策立案の手法である。なお，小学校社会科では，澁谷（2020）の実践研究もある。シナリオ・プランニングの手法をすべて導入することはできないが，中でも，未来の複数のシナリオを想定し，社会の

ストーリーを考える方法に着目した。事例単元では，仮のシナリオとして先駆的な取り組みを複数調べ，それらを踏まえて，子ども自身が10年後の社会のストーリーを考える方法を取り入れた。

③ 持続可能性に関わる概念の導入

「持続可能性」を授業に導入するには，それに関わる下位概念を授業に導入していくことが重要と考える。例えば，「環境教育指導資料（小学校編）」（国立教育政策研究所教育課程センター（2007））では，環境をとらえる視点（例）として，「循環，多様性，生態系，共生，有限性，保全」を挙げている。本単元では，主に「循環」と「保全」の概念を導入することにした。その他，小学校社会科では，水道やごみ処理の学習で「有限性」などを導入することも考えられる。

(2) 事例単元「国土の森林をまもり育てる」について

上述した3点を導入し，単元の指導計画を表2の通り作成した。単元の目標は，「国土の森林に関わる課題を把握し，課題解決のための取り組みを調べ，解決のための社会のあり方について考え説明することができる」とした。

学習問題をつかむ場面では，システム思考を導入し，表出する時事問題から問題を起こす構造にせまり，構造転換を意識した解決志向の学習問題を立てる。第1時の導入で扱うのは，花粉症や土砂災害，熊やイノシシの出没などは，一見つながっていないように見えて，すべて日本の森林管理に関わる問題で，原因についても少し調べることで分かる課題である。そして，日本の森林面積の割合や人工林の管理されない現状に気づかせ，「日本の森林についてどうしたらよいか」学習問題を立てる。第2時では解決志向に向かわせるため，天然林を守り人工林を上手く管理していく森林サイクルの構造をつかませ，そのためにどんな取り組みを調べるか話し合い，「誰が」「どんなことに取り組んでいるか」に着目し，学習計画を立てさせる。

学習問題を追究する場面では，持続可能な森林社会を目指す社会的事象を子どもたちに調べさせる。誰がどのようにして森林管理の好循環を生もうとしているのか，森林サイクルの構造の具体的事象を調べさせたい。例えば，SDGs未来都市の地域社会（西粟倉村）では誰がどのように協力し森林管理の取り組みをしているのか，先進事例を追究させたい。ここで大事なことは，多様な立

表2　「国土の森林をまもり育てる」指導計画（案）

	時	○学習活動・主な学習内容	指導上の留意点
学習問題をつかむ	1	○森林に関わる社会的課題をみつける。 ・花粉症 ・土砂災害 ・熊やイノシシの出没など ○みつけた諸課題の原因（人工林が多い，動物の住処がない等）を調べ，課題解決のための学習問題を立てる。 ・諸課題が起きる原因の一つに日本の森林がうまく管理できていない構造がある 学習問題：日本の森林を社会のみんなでうまく管理していくにはどうしたらよいだろうか	・TVニュースや新聞で取り上げられる課題にまずは着目させる。 ・日本の森林管理の現状（構造）を図化して示す。
	2	○学習問題を確認し，解決のための仮説をたてる。 ・天然林の保護と人工林のサイクルをまわすことが大切 ○学習問題を確認し，誰がどのような取り組みをしているのかを予想し，学習計画を立てる（地域社会の取り組み，企業の取り組み，国や都道府県の取り組みを調査）。	・「持続可能な日本の森林社会」の仮構造を作成する。 ・「誰が」（人）に着目させる。
追究する	3	○地域社会の取り組み（例：岡山県西粟倉村）を調べる。 ・伐って作って売る（6次産業化） ・村で放置森林を管理 ・デザイン設計会社と連携 ・林業以外の森林の産業化	・SDGs未来都市など，先進事例を取り上げる。
	4	○企業の取り組み（例：林業関係企業）を調べる。 ・スマート林業 ・山村の自治体と連携 ・東京都水道局と連携 ・関連会社でのイベントや木材の積極的利用	・企業と様々な立場との関係性に留意する。
	5	○国や都道府県の取り組みを調べる。 ・森林関連税とその使途 ・条例制定 ・人材育成 ・ボランティア登録受入 ・認証制度	・行政だからできることに着目させる。
まとめる	6・7	○調べた取り組みと「山村人口減少」（不確実性要素）との関係を整理しまとめる。 ○話し合ったことを踏まえ，森林に関わる課題解決に向けた取り組みと10年後のストーリーをつくり発表する。	・一つに決めるのではなく，複数のシナリオを考え選択することを重視する。

場の人が取り組むことで森林管理の好循環を生もうとしていることであり，要素還元的な調べ方は避けたい（その他詳細は，表2を参照）。

　学習問題をまとめる場面では，これからの森林に対する取り組みをまとめ，10年後のストーリーをつくる。ここでは，日本の森林管理に関わる不確実性要素として，山村の人口減少に着目させる。山村の人口減少を踏まえ，地域活性化のシナリオをつくっていくのか，もしくは日本全体で国や企業が森林管理をしていくシナリオをつくるのかなど，子どもたちに複数の未来のシナリオを提案させ意見交換をさせる。具体的には，次のように語る子どもの姿を目指す。

　例1「これからは，天然林を増やしながら，林業を行っていくことが大切だと思います。そのために，会社や役場，ボランティアの人が植樹をしたり，国産の木材を利用した建物を多く作ったり，林業の技術開発を行うとよいです。10年後は，ドローンや機械をつかった安全な林業ができて，国産の木材が手に入りやすくなると思います。また花粉症の人も減ってくるかもしれません」。

　例2「これからは，日本の森林と山村のよさを多くの人に知ってもらい，山村に関わる人を増やすことが大切だと思います。そのために，地域の人々が協力して，人気のでる木材商品開発の会社や観光施設をつくったり，他の地域の木材建築を手伝ったりするとよいです。そうすることで，10年後は，都会に木材のものが増えて，山村と都会を行き来する人が増えていると思います」。

4　解決志向型「問題解決的な学習」を実現していくために

　以上より，私は，解決志向型の問題解決的な学習を実現していくため，①社会構造の変容を目指すシステム思考，②近い将来をリアルに考えるためのシナリオ・プランニング，③学習テーマに応じた「持続可能性」に関わる概念を導入し，事例単元を提案した。

　これまで社会科の社会や環境に関わる課題の先進的な実践では，課題をめぐる対立構造や価値，葛藤を明らかにした上で，議論や意思決定，合意形成を行うことを目指し解決に向けたプロセスを学習するものが多かった。それらに対して，私の考える問題解決的な学習は，VUCAな社会を前提として，社会の構造を見直し，持続可能な社会を共通価値として，子どもたちに近未来の社会

を創造させることが特徴である。子どもたちには，これまでの社会の枠組みやプロセスにとらわれず，よりよい社会を目指す社会的事象の新規性の発見と追究をさせたいと考える。

　事例は，第5学年を対象とした単元であったが，第6学年はもちろんのこと「選択・判断」が導入された小学校社会科では第3学年でも第4学年でも取り組めるものと考える。実現のためには，教師側も従来の社会の枠組みやプロセスにとらわれずに，単元を構想していくことが重要である。何よりも教師側の意識改革が重要かもしれない。

　課題解決に積極的な多様な立場の市民が行っている取り組み（社会的事象）に目を向け，それを分析し，新たな社会構造に位置付けて複数の未来社会を提案する。そのような解決志向型の問題解決的な学習が私の理想である。

〔引用文献〕
・枝廣淳子・内藤耕『入門！システム思考』講談社現代新書，2007年
・キース・ヴァン・デル・ハイデン著，グロービス監訳，西村行功訳『シナリオ・プランニング―戦略的思考と意思決定―』ダイヤモンド社，1998年
・黒沢幸子・渡辺友香『解決志向のクラスづくり完全マニュアル―チーム学校，みんなで目指す最高のクラス！』ほんの森出版，2017年
・国立教育政策研究所教育課程研究センター「環境教育指導資料（小学校編）」2007年
・佐藤真久・広石拓司『ソーシャル・プロジェクトを成功に導く12ステップ―コレクティブな協働なら解決できる！SDGs時代の複雑な社会問題―』みくに出版，2018年
・澁谷友和「小学校社会科未来洞察型授業の開発―希望の未来像を描くシナリオ作成に着目して―」，『社会系教科教育学研究』32，2020年，pp.41-50
・北俊夫ほか85名『新しい社会　5下』（2019年検定済教科書小学校社会科用）東京書籍，2020年
・池野範男ほか120名『小学社会　5年』（2019年検定済教科書小学校社会科用）日本文教出版，2020年
・文部科学省「小学校学習指導要領（平成29年告示）解説　社会編」2018年

第 **2** 節

「知識の成長」を中核にした小学校社会科の授業デザイン
──「問題解決的な学習」の実質化のために──

岡山大学教授
山田　秀和

1　社会科の「問題解決的な学習」とは何か

⑴　「問題解決的な学習」の汎用性

　「問題解決的な学習」は，近年の重要なキーワードである。小学校学習指導要領解説社会編では，「問題解決的な学習とは，単元などにおける学習問題を設定し，その問題の解決に向けて諸資料や調査活動などで調べ，社会的事象の特色や相互の関連，意味を考えたり，社会への関わり方を選択・判断したりして表現し，社会生活について理解したり，社会への関心を高めたりする学習などを指している」[1]とされている。しかし，このような学習は，今に始まったわけではない。

　例えば，問題設定のしかたや問題の切実性，子どもの生活経験の重視の度合い等において違いはあるが，先の引用は，初期社会科の問題解決学習にも重なる部分が多い[2]。その後も，用語や語り方は異なるかもしれないが，同質の学習が積み重ねられてきた。

　「問題解決的な学習」は，時代をこえてなされてきた学習であるとともに，教科等をこえてなされる学習でもある。近年では，汎用的なスキルが注目を集め，問題解決の能力が重視されている。例えば，「21世紀型スキルの学びと評価（Assessment and Teaching of 21st Century Skills：ATC21S）」プロジェクトが掲げる「思考の方法」カテゴリーには「問題解決」が挙げられており，教育活動全体を通じて育成がめざされるスキルとなっている[3]。スキル育成の観点からも，様々な教科で「問題解決的な学習」が展開されることが期待されている。

「問題解決的な学習」は，時代をこえ，教科等をこえて実践される学習だ。では，社会科の「問題解決的な学習」で特に重視すべきことは何だろうか。

(2)　社会科における「問題解決的な学習」のポイント

社会科の「問題解決的な学習」では，以下の二点が重要だと考える。

第一に，社会科の「問題解決的な学習」では，ソーントン（2012）[4] が指摘するように，①子どもの興味関心や適性，②社会生活からの要求，③現代の学問的成果を踏まえて授業をデザインすることである。子ども，社会，学問を結びつけ，真正の学びが成立するような「問題解決的な学習」を構成したい。

第二に，社会科の「問題解決的な学習」では，社会的な課題を視野に入れて，事象の背景・原因・影響を深く掘り下げ，その構造を解明するように授業をデザインすることである。社会，とりわけ民主主義社会の形成者の育成という観点から「問題解決的な学習」を構成したい。

本稿では，以上を念頭に置いて，社会科における「問題解決的な学習」の現状と課題を明確にし，それを克服する授業デザインのあり方を探ろう。

2　社会科の「問題解決的な学習」の現状と課題

(1)　一般的になった「問題解決的な学習」

学習問題を設定し，解決していく学習は，今日では一般的に見られるようになった。教科書には学習問題が示され，標準的な「問題解決的な学習」が展開できるようになっている。また，学習指導案にも，「問題をつかむ過程」「問題を解決する過程」「働きかける過程」などの単元展開を見ることができる[5]。教科書や教師用指導書に基づく日常的な授業であっても，提案性が高い実験的な授業であっても，おおよそ「問題解決的な学習」の過程になっている。中高に比べ，小学校の「問題解決的な学習」は普及している。

(2)　形式的になった「問題解決的な学習」

「問題解決的な学習」が一般的になったとはいえ，それが必ずしも「深い学び」になっているとは限らない。

確かに多くの授業は「問題解決的な学習」として組織されている。しかし，そこでなされる問題解決が形式的になっている授業もよく目にする。その理由の一つは，教科書や資料集等から問題の答えを探し，それをグループやクラスで報告するだけの活動に留まっていることにある。

　このような授業は，集めた情報を子どもが発表するので活気があるように見える。けれども深く思考しているとは言いがたく，「答えみつけ」に終始している場合も多い。結果として，予定調和的に出てきた答えをまとめる学習となり，教科書を読むだけの学習と実質的に変わらないものとなっている。

(3) 「知識の成長」[6] が促されない「問題解決的な学習」

　「問題解決的な学習」が形式的になる大きな要因は，授業で設定した問題や問いが子どもの疑問や不思議に寄り添ったものになっていないことにある。ある程度わかっていること，少し調べればわかることを問うているために，子どもの認識は事象の表面的な理解に留まり，大きな成長が見込めない。

　例えば，これからの食料生産を考える授業で，現在の課題を調べ，食料自給率の低下や環境への負担という事実を学習する。けれども，食料生産の課題や，それに対する取り組みの「なぜ」を探る理論的・構造的な掘り下げは弱い傾向にある。その状態で将来のあり方を考えても漠然とした議論になるだろう。

　大人でも解決が難しい問題や，子どもの知的発達段階からかけ離れた問いを設定することは慎むべきだ[7]。けれども，子どもの知的成長を促さない問題設定もまた問い直されるべきである。

3　理想とすべき社会科の「問題解決的な学習」

(1) 「知識の成長」を中核にして資質・能力を育む

　現行の学習指導要領では，資質・能力の三つの柱として「知識及び技能」「思考力，判断力，表現力等」「学びに向かう力，人間性等」が示されている。このうちの中核となるのが知識であると考える。なぜなら，「問題解決的な学習」を実質化させるためにも，民主主義社会の形成者を育むためにも，「知識の成長」は主軸になると考えられるからである。

　子どもの「わからない，わかりたい」という知的な興味関心は，「問題解決的な学習」の原動力となるだろうし，思考の活性化を促す契機となるだろう。また，「本当にそうだろうか，こちらの方が妥当ではないか」と思考することで，選択・判断する力も鍛えられよう。教師や仲間とともに知識を磨いていく学習は，自己の見解を表現する力の育成にも寄与する。そして，既有の知識を乗りこえていく経験は，学習意欲を向上させ，学びに向かう力を高めることも期待できる。それはまた，より妥当な解を他者とともに求めていく民主的な人間性の育成にもつながるだろう。

　知識を成長させていく学習は，「問題解決的な学習」の中核であり，学びの意義や実践性の高さにおいて一つの「理想とすべき」ものと言えないだろうか。では，その学習を成立させる要件は何だろうか。

①　既有の知識を裏切る問いの設定

　「わからない，わかりたい」という状態は，自分の既有の知識では説明がつかないことによって生まれる。新しい事実に出会い，自分の中にある知識に矛盾が生じたときに起こる認知的不協和の状態だ。

　このような状態が自然に生じればよいが，それはなかなか難しい。実際には意図的なしかけが不可欠となる。「知識の成長」を促す「問題解決的な学習」では，学習前の子どもの認識や考えを読み取り，それらと事実との矛盾を探り，「思っていたのと違う」という意識を引き起こす過程が必要だ。

　例えば，平川（2018）では，第5学年の「果物づくりのさかんな地域」[8] にて，りんご農家についての子どもたちの認識を裏切る学習問題設定を行っている。具体的には，学習前の子どもの認識が，「農家は品質を高めるため，効率よく生産するため，高い価格で出荷するために工夫して生産している」という段階にあり，りんご畑の品種構成について「一番高く売れる『ふじ』ばかりを植えているに違いない」と考えていることが想定されている。しかし現実は異なる。「農家は，品質や生産効率，価格だけでなく，費用やリスクも考えて工夫して生産している」のが実際だ。だからこそ農家は数種類の品種を育てている。

　そこで授業では，最初に「もしも自分がりんご農家だったら，どの品種をどのくらい植えるか」と発問し，ほぼ100％「ふじ」を植えるという見解を出させる。次に，りんご農家の畑の品種構成についての帯グラフや資料から，「ふ

じ」が「思ったよりずいぶん少ないなぁ」という感想を引き出す。そうすることで，興味関心を高め，「なぜ，りんご農家の人は一番高く売れる『ふじ』以外の品種もつくるのだろう」という問題が子どもの中に成立するように構成されている。

② 具体と抽象の往還

先に示した授業は，もう一つ重要な示唆を内包している。それは，具体と抽象の往還を促すことである。

「農家は品質を高めるため，効率よく生産するため，高い価格で出荷するために工夫して生産している」や「農家は，品質や生産効率，価格だけでなく，費用やリスクも考えて工夫して生産している」という知識は，様々な農業経営を説明できる抽象的な一般化ともいうべき知識だ[9]。それに対して，帯グラフ等で示されるりんご農家の品種構成は，具体的で個別的な事実である。

授業では，これらの抽象と具体を行き来して，教師や仲間とともに知識を磨いていくことが重要だ。すなわち，当初の「品質や効率，価格を重視して農業は営まれている」という知識を，りんご農家の具体的な取り組みを通して，「費用やリスクも重視して農業は営まれている」という知識に更新させるというプロセスである。この一般化をさらに他の事例，例えばみかん農家に当てはめて有効性や限界性を議論すると，より認識が深まっていくだろう。農業をこえて他の産業の経営にも適用してみるとどうだろうか。具体から抽象へ，抽象から具体へのサイクルによって，社会を読み解く力が培われるのではないか。

具体的で個別的な知識のみならず，抽象的で一般的な知識を意識した授業づくりを心がけたい。

③ 様々な領域の見方・考え方の活用

「知識の成長」を促すためには，様々な領域の見方・考え方（追究の視点や方法）を働かせることも大切だ。

例えば，りんご農家の学習で，青森の地理的位置や環境，気候の視点で事象を捉えるとともに，経済的な工夫や仕組みの視点を働かせて事象に迫る。そうすることで，青森という具体的な地域をもとにして，効率や価格，費用，リスクなどの農業経営に関する学問的な概念の形成を促し，知識を成長させることが可能になる。歴史の学習であっても，事象を政治的，経済的な視点で分析す

ることで，現代社会を読み解くための目を養うことができるのではないか。

　特定の領域に固執するのではなく，様々な領域から事象に迫る学習を展開することで，子ども，社会，学問を結びつけ，「知識の成長」を支援したい。

(2)　社会的な課題を視野に入れて，問題を解決する

　(1)では「知識の成長」を促す方法について考察してきたが，「問題解決的な学習」の意義を高めるためには，学習内容にも工夫が必要である。本稿では，社会的な課題の解決に資する内容，より具体的には，関係する事象の背景・原因・影響に焦点を当てた内容を基本としたい。小学校の全内容で可能というわけではないが，可能な限り，社会的な課題を視野に入れて学習内容の選定を行うことにする。

　そのため，単元を貫く学習問題を，社会的な課題と重ねて「どうすればよいか」という問いとし，そのもとで「なぜ，どうして」を連続的に解決していく学習を構想したい。「なぜ，どうして」を解決する過程の中で「知識の成長」を促し，社会的な課題に向き合う学習をデザインしよう。

(3)　民主主義のプロセスと重ねて，問題を解決する

　「知識の成長」を中核とする「問題解決的な学習」は，どのような子どもを育成するのか。それは，民主主義的な問題発見・問題解決の知識とスキル，態度を備えた社会の形成者だ。そのためには，「どうすればよいか」「なぜ，どうして」と事象に問いかける思考の習慣の形成が重要であるとともに，問題解決のプロセスが，民主主義の手続きと同様になっていることが肝要だ。例えば，学習において，事象が生じている理由を問い，調査し，見解を異にする友達と根拠をもとに話し合い，合意できる解を求めていく。このようなみんなで取り組む「問題解決的な学習」を積み重ね，民主主義的な性向を育みたい。

　また，「問題解決的な学習」を通じて習得する「成長した知識」も，民主主義社会の形成者を育成する上で重要な意味を持つ。民主主義社会においては，市民が自立して思考し判断することが大切だ。そのためには出来事の仕組みを理解し，その背景や原因を突き止めたり，起こりうる結果を予測したりする力が不可欠である。知識の価値は，その力の源となることにある。

子どもが知識を磨いていく学習は，民主主義的な問題発見・問題解決のプロセスと軌を一にする。それはまた，意思決定を行ったり社会参加したりするための基礎となる力を育む学習と言えよう。

(4)　授業デザインの事例

　これまでの考察をもとに，「問題解決的な学習」の授業をデザインするとどうなるか。第5学年の食料生産に関わる単元「これからの食料生産：食と農の距離を縮めるには？」を構想してみたい（表1）。単元は，「問題をつかむ過程」「問題を解決する過程」「働きかける過程」からなる。実践に向けて問いや活動，資料等をさらに具体化する必要があるが，構想の概略を述べたい。

　「問題をつかむ過程」は，物理的・心理的に食と農の距離が遠いことを生活の中から実感し，その解決に向けた学習問題を設定する場面である。特に，「食品ロスが問題になるほど食べ物があるのに，農業の衰退や食料の海外依存が問題になるのはなぜだろう？」を考え，現在の社会的な課題を発見していく。その上で，学習問題「食と農の距離を縮めるにはどうすればよいのだろう？」を教師と子どもで設定するように構想している。

　「問題を解決する過程」は，先の「どうすればよいか」に迫るべく，農業や地域の活性化に関する「なぜ，どうして」を探る場面である。最初に，利益を出し，食と農の距離を縮めている農業の事例を探るために，「農業は衰退していると言われているのに，利益を出し，地域を活性化させている農家がいるのはなぜだろう？」を考察する。ここでは，予想を立てた後に，様々な農家（特に野菜や果物などの集約型農業）の取り組みをグループで調べ，大規模化やブランド化などの概念と結びつけて農業を成長産業化させる方法の一般化を図る。また，その中で地域と連携し，地域づくりにまで取り組みが広がっている事例をグループで調べ，それをもとにローカル・フードシステムの構造を図で表現していく。さらには，集約型農業で導かれた一般化を適用して，立て直しが難しいとされる土地利用型農業（特に米農業）について考え，食と農の距離を縮める可能性を探っていく。例えば，大規模化や6次産業化，企業の参入は可能なのか，実際に行われているのか，活性化につながるのか，どのような困難があるのか，ローカル・フードシステムは構築できるのか，などを調べ話し合う。

　「働きかける過程」は，食と農の距離を縮める方法をあらためて考察し提案する場面である。集約型農業と土地利用型農業それぞれの特性を踏まえて，自分たちの地域で実現できそうな案を表現する活動を想定している。

　さて，この授業は，先に述べた要件を踏まえて構想したものだ。第一に，社会的な課題を視野に入れ，持続可能な食と農の関係を主題としている。第二に，既有の知識を裏切り，子どもが自らの学習前段階を乗り越えていくように問いを設計している。第三に，仲間とともに，農業と地域の活性化に関する一般化を形成・適用し，妥当な解を議論するように計画している。第四に，様々な地域の農業を題材にして，経済的な見方・考え方を働かせる活動を想定している。

表1　単元「これからの食料生産：食と農の距離を縮めるには？」の授業デザイン

過程	主な指示・発問	主な学習活動・学習内容
問題をつかむ過程	○食べ物がどのように作られ，どのようにして私たちに届いているのかについて知っていることを話し合おう。 ○食品ロスが問題になるほど食べ物があるのに，農業の衰退や食料の海外依存が問題になるのはなぜだろう？ ・食品ロス，食料自給率，農業人口，耕作放棄地のデータを読み取ろう。 ・なぜ食と農が問題となっているのかを話し合おう。 ・食と農の距離の拡大に対して何が求められているのかを整理しよう。	○既習内容や身の回りにある食べ物を題材にして話し合う。遠くから運ばれているものが多いことや，知らないことが多いことを実感する。 ○資料をもとに話し合う。 ・農業を再建し，食料の自給力を高めていかないと，安定した社会を維持できない（食料安全保障）。 ・食料の問題は世界的な問題でもある（環境破壊，格差や不平等等）。 ・食と農の距離が広がり，農業が遠い存在になりつつある。しかし，安定した暮らしを行うためには，農業の持続可能性を高め，生活と密につなげることで，食と農の距離を縮めることが必要とされている。
	食と農の距離を縮めるにはどうすればよいのだろう？	
	○現時点で，どのような方法が考えられるか挙げてみよう。	○地域や日本の農業を活性化させ，私たちの生活とつなげる方法を考える（例：有機農業，地産地消，農作物のアピール，農業体験など）。
問題を解決する過程／具体的な取り組みを	○農業は衰退していると言われているのに，利益を出し，地域を活性化させている農家がいるのはなぜだろう？ ・比較的若い世代で農業を始める人がいる理由を考えてみよう。 ・利益を出している農家（特に野菜や果物の農家）の秘密を探り，そ	○予想する（例：品質のよい農産物を作っている，HPやSNSを活用している，など）。 ○どのような農業が伸びているのかを話し合う。 ・有機農業など，若い世代の人に注目されている農業がある。 ・野菜や果物などの集約型農業には，様々

もとに一般化を図る		・の工夫を整理しよう。 ・農家の取り組みの中で，食と農の距離を縮めている事例を探り，その工夫を整理しよう。 ・それらはどのようにして食と農の距離を縮めているのかを話し合い，図で表現しよう。	なアイデアが見られる。 ○グループで，注目されている農家の取り組みを調べ，その方法を一般化する（例：大規模化，低コスト化，高品質化，ブランド化，マーケットイン，マニュアル化，工場化など）。 ○グループで，地域と結びついた取り組みを調べ，その方法を一般化する（例：6次産業化，企業の参入，地域支援型農業〔CSA〕，直売所，学校給食など）。 ○ローカル・フードシステムの構造を図に表す。
一般化を適用し有効性・限界性・可能性を検討する		○様々な農業の改善がなされているのに，米農業の向上が難しいとされているのはなぜだろう？ ・米農業と他の農業の違いを考えてみよう。 ・米農業の現状をデータから読み取ろう。	○予想する（例：野菜に比べ利益が出にくい，大規模化しにくい，など）。 ○米農業の課題を話し合う。 ・米農業は，土地利用型農業に分類され，労働力の投入は少なくてすむが，面積当たりの収益は低い。 ・小規模農家が多い，世代交代が進んでいないなどの理由で，米農業は競争力の低い農業とされている。
		○米農業で利益を出し，地域を活性化させるためはどうすればよいだろう？ ・野菜や果物農家でなされていた工夫は，米農家でも可能かを話し合おう。 ・どのようにして米農業で食と農の距離を縮めればよいのかを話し合おう。	○グループで，集約型農業の工夫を土地利用型農業（米農業）に当てはめて，可能性を調べ話し合う（以下，例）。 ・スマート農業が普及すれば同じようにできるのではないか。 ・農地を貸したい米農家が増えるので大規模化できるのではないか。 ・価値の高い野菜や果物の栽培を合わせて行えば，収益が上がるのではないか。 ・ブランド化をもっと進めてPRすれば利益が出て，地域が潤うのではないか。 ・企業の参入を増やして，米の加工品生産に取り組むとよいのではないか。 ○米農業におけるローカル・フードシステム構築の可能性を話し合う。
働きかける過程		○自分たちの地域で食と農の距離を縮める方法を考え，提案しよう。	○集約型農業，土地利用型農業の特性を踏まえて各自で方法を考え，提案する。

4 「問題解決的な学習」の実質化のために

　本稿では，「問題解決的な学習」が形式的になっていることに課題を見出した。そしてその克服の方向性を，「知識の成長」を中核にした授業デザインに求めた。「問題解決的な学習」の実質化の鍵は，以下の二点に整理できる。

　第一は，民主主義社会の形成者の育成という観点から，知識教育の意義を再評価することである。本稿では，「知識の成長」を中核にした学習が，「思考力，判断力，表現力等」の育成や「学びに向かう力，人間性等」の涵養にも寄与し，民主的な市民としての構えを育むことにつながると考えた。市民育成の視座から知識を広げ深める意味をあらためて問い直したい。

　第二は，民主主義社会の形成者の育成という観点から，小学校社会科カリキュラムを再検討することである。社会との関わり（レリバンス）を高めるためには，社会的な課題を視野に入れてカリキュラムを編成し，その解決をめざして「問題解決的な学習」を位置づけることが求められる。すべての学習内容で実現できるわけではないが，子どもが社会的な課題に向き合うカリキュラムのあり方をあらためて問い直したい。

[1]　文部科学省「小学校学習指導要領（平成29年告示）解説　社会編」2018年，p.20
[2]　初期社会科の問題解決学習については，小原友行『初期社会科授業論の展開』風間書房，1998年に詳しい。
[3]　P・グリフィン，B・マクゴー，E・ケア編，三宅ほなみ監訳，益川弘如・望月俊男編訳『21世紀型スキル—学びと評価の新たなかたち—』北大路書房，2014年
[4]　スティーブン・J・ソーントン著，渡部竜也・山田秀和・田中伸・堀田諭訳『教師のゲートキーピング—主体的な学習者を生む社会科カリキュラムに向けて—』春風社，2012年
[5]　ここに示したのは岡山県の研究授業で使用されている様式である。
[6]　「知識の成長」については，知識の変革的・累積的成長を促す社会科授業論を展開した森分孝治の論考を基盤にしている。森分孝治『現代社会科授業理論』明治図書出版，1984年
[7]　片上宗二は，発達論の観点から社会科学習を検討し，「発達の最近接領域」論を踏まえる必要性を論じている。片上宗二『「社会研究科」による社会科授業の革新—社会科教育の現在，過去，未来—』風間書房，2011年
[8]　平川公明『6つの視点で授業改善！　主体的・対話的で深い学びを実現する小学校社会科授業プラン』明治図書出版，2018年，pp.84-87
[9]　「一般化」は，「概念的理解」「永続的理解」「本質的理解」「ビッグアイデア」とも称される知識とされている。H・リン・エリクソン，ロイス・A・ラニング，レイチェル・フレンチ著，遠藤みゆき・ベアード真理子訳『思考する教室をつくる概念型カリキュラムの理論と実践—不確実な時代を生き抜く力—』北大路書房，2020年

第 **3** 節

かかわり合いを通して問題の本質に迫る 子どもたち

愛知教育大学准教授
真島　聖子

1　社会科の「問題解決的な学習」とは何か

　「問題解決的な学習」は，子どもたちが何かに直面した時，逸脱や矛盾に挑戦する何かが子どもたちの興味をかき立てた時に始まる。その学習過程では，子どもたちが敬意を持ちつつ互いに意見を聴き合い，互いの意見を生かしながら，理由が見当たらない意見に質問し合うことで理由を見い出し，それまでの話から推論して補い合い，互いの前提を明らかにする。その時，子どもたちは，対話の流れを内面化し，対話の手順に似た動きの中で考えるようになり，対話の流れこそが思考であると考えるようになる。真の対話は，子どもたちが，対話の相手の存在を心に浮かべ，自分自身と他者との間に生き生きとした相互的な関係を作るという意図で向き合うことによって生まれる。

　学校は，社会の未来を創る役割を担っている。その中で社会科は，よりよい社会を共に創る意欲や態度，民主主義社会において必要とされる理性的姿勢を持つ市民を育成する役割を担っている。社会科の「問題解決的な学習」は，子どもたち同士のかかわり合いを通して問題の本質に迫り，よりよい社会を共に創る意欲や態度，理性的姿勢を育てる授業論である。

2　社会科の「問題解決的な学習」の現状と課題

　小学校社会科の「問題解決的な学習」には，どのような課題が存在するのだろうか。小学校社会科の「問題解決的な学習」の課題を以下の3点に整理した。

> ① 子どもたち自身の問題になることがないまま，学習が進められる。
> ② 子ども同士のかかわり合いが乏しく，自分たちで問題の本質に迫れない。
> ③ 問題解決に向けて子どもたち自身が判断することなく学習が終わる。

　「問題解決的な学習」は，子どもたちが何かに直面し，逸脱や矛盾を感じた時に始まるが，子どもたちが何も直面することなく，何が問題なのかわからないまま，教師の主導で学習が一方的に進められることがある。もちろん，最初から子どもたちが逸脱や矛盾を感じるような問題に直面することは難しい。そこで，粘り強く追究学習を進めながら，子ども同士のかかわり合いを通して，問題の本質に迫ろうと挑戦するのである。しかし，子ども同士のかかわり合いが乏しいと自分たちで逸脱や矛盾を浮き彫りにすることができない。何が問題なのかわからないままの状況で学習が進められると，子どもたちは，問題の解決に向けてどうすればいいのか考えることもなく，よい判断をすることもなく，新たに挑戦することもないまま，学習が終わってしまう。その結果，よりよい社会を共に創る意欲や態度，理性的姿勢を育成する機会を逸してしまう。

　では，小学校社会科授業における「問題解決的な学習」の課題を解決するためには，どのような視点が必要となるのだろうか。本稿では，改善の視点として，①地域と連携した教材の開発，②かかわり合いの場の設定，③判断する場の設定をあげる。小学校社会科授業において，現実の社会問題に子どもたちが直面するためには，①地域と連携した教材の開発が不可欠である。また，子どもたちが逸脱や矛盾に挑戦するためには，②かかわり合いの場を設定し，意図的に繰り返し，問題を吟味したり，自分たちの追究を見直したりする必要がある。子どもたちが，互いに影響し合って問題の解決へと向かうのは，自分たちの心に直接訴えかけてきて，自分たちの心を本当にかき乱すような問題に直面した時である。さらに，問題の解決を子どもたち自身が行うためには，問題の解決に向けて，③判断する場の設定が必要である。判断には，じっくり検討したり，決心したり，決定したり，結論を下したりする行為が含まれる。

3 理想とすべき社会科の「問題解決的な学習」

本稿では，筆者が共同研究者として関わった愛知教育大学附属岡崎小学校4年3学級の豊田家康教諭の実践「手彫りの技術を繋げたい―世界に一つしかない神尾さんの印章づくり―」をもとに，3つの改善の視点について検討する。

(1) 地域と連携した教材の開発

子どもたちが住む愛知県岡崎市は，様々な伝統工芸品が受け継がれている地域である。しかし，現在は機械化による大量生産が進み，伝統工業が衰退しつつある。そのような中で機械を一切使わずに，手彫り印章の伝統を受け継いでいるのが，神尾印房二代目店主，神尾尚宏さんである。本実践では，第4学年「伝統や文化」の単元で神尾さんの印章づくりを教材化した。単元の導入では，神尾さんから印章の歴史やつくり方，手彫りの苦労について話を聞いたり，実際に神尾さんが印章を彫る様子や手彫りの作品を見たりする機会を設定した。

(2) かかわり合いの場の設定

表の単元計画では，かかわり合いの場を4つ設定した。問いを生むかかわり合いでは，手彫りをする理由に目を向けられるように，驚きやすごさを感じる意識と疑問を持つ意識をかかわらせている。追究を見直すかかわり合いでは，仲間の考えに目を向けられるように，互いの考えを聞いて思ったことを振り返りに書く時間を設けている。核心に迫るかかわり合いでは，伝統工業の在り方に対する見方や考え方，感じ方を深め，拡げられるように，伝統を繋ぐことに価値を感じている子どもの意見を取り上げている。学びを振り返るかかわり合いでは，仲間の考えに目を向けることのよさを感じている子どもの意見を取り上げ，自身の追究を振り返らせ，似た経験がないか全体に問いかけている。

(3) 判断する場の設定

表の単元計画では，「伝統を繋ぐためには，どうすればいいのだろう」という判断する場を設定した。神尾さんの印章や岡崎の伝統を市民に知らせたいという子どもの思いをもとに，子ども自身がどうすべきか判断するようにしている。

表　単元計画（23時間完了）

学習内容	時数
神尾さんから話を聞いたよ ・機械を使わず，すべて手で彫っているんだね。 ・はんこの歴史はすごく古いんだね。	3
問いを生むかかわり合い ・感心したこと，驚いたこと……努力と技術力，時間をかけて ・神尾さんへの疑問……機械は速くて楽，値段も高い	1
どうして神尾さんは手彫りにこだわるのかな ・神尾さんの思い……人の名前を大切に，世界に1つだけ ・神尾さん自身のこと……父親に憧れて，常に上を目指し努力 ・市民（保護者）の考え……高いものが必要か ・時代の流れ……機械化が進んでいる ・はんこの時代は終わろうとしている	6
追究を見直すかかわり合い 　　今後も神尾さんは続けて行けるのかな ・共感……思いは客に伝わるはず，努力してるから大丈夫 ・心配……客に伝わっているのか，買う人がいなくなるかも 　　神尾さんはこれから先のことを考えているのかな	本時1
・神尾さん……死ぬまで彫り続ける，次世代の育成，興味を持ってもらう取組 ・お客さん……神尾さんの技術を信用，一生使える大切なもの ・匠の会・市……伝統を知ってほしい，守りたい ・一般市民……はんこは押せればよい ・次世代の育成や時代に合わせた取組をしているね ・匠の会や市と協力し伝統を繋ごうとしているね	2 4
核心に迫るかかわり合い 　　どうして神尾さんは手彫りにこだわるのかな ・お客さんのため……名前や思いを大切に，人の思いを繋ぎたい ・伝統を守る……命尽きるまで努力，技術を未来に残したい 　　神尾さんのこだわりには人の思いや伝統を繋ぐ意味があったね	1
伝統を繋ぐためには，どうすればいいのだろう ・神尾さんの印章や岡崎の伝統を市民に知らせたいな	4
学びを振り返るかかわり合い ・社会の学び……様々な人の立場で考えられたよ ・自分……友達の考えを生かせたよ ・仲間との学び……新しいことに気づいたよ	1

(4)　追究を見直すかかわり合い（11/23）

　2022年11月17日に実践した授業記録を以下に記した（Tは教師，Cは発言者が特定できない子ども，その他のアルファベットは子ども。仮名で表記）。

　本時では，「これまで追究してきて思ったこと・考えたこと」から追究を見直すかかわり合いが始まり，「今後も神尾さんは続けて行けるのかな」へと展

開する。

T　はい，どうぞ。

Yt　あそこいった時に（T　どこ？）誰も聞いてないかもしれないけど，トロフィーがあって，25年以上やっている人しか取れない。4位だったから神尾さんはすごい。

T　全国の大会だったんだね。Sr さん。

Sr　追究してみて，どうして神尾さんが手彫りにこだわるのかホームページで見たら，お父さんが手彫りのはんこ屋さんで，幼稚園の時約束したから。

T　どうですか。Hk さん。

Hk　私はあの，この前のはんこ販売機，イオンにあったから見て（T　作ってみた？）作ってないけど，この前，神尾さんの所でやってた時，プラだと彫ってると折れちゃう。はんこ販売機の時，プラは500円。他のは，……。機械と手彫りは，どっちが強いのかな。

T　やってみてどうだった？

Hk　なんでやっちゃったんだろう。手彫りの方が悪用されないし，いい。

T　なるほどね。Hk さんは，こっちがいいと思ったのね。

Kt　えっと，印鑑のことで，神尾さんに電話した。はんこは押す前のもの。印鑑は，押したもの。変だなと思った。

T　Io さん。

Io　これまで追究して考えたことで，手作りでやる伝統があるお祭りでもある年1回とかやるのもある。そういうのは伝統がある。

T　なるほどね。Ks さん。

Ks　えっと，神尾さんが手彫りにこだわる理由を神尾印房に聞いた。機械は同じものを何個も作れる。手彫りはこの世に1個しかないものが作れる。お父さんにあこがれて，かっこいいと思ったと言っていた。

T　実際に聞いたんだ。

T　機械が同じものって言ったけ。はい，Rs さん。

Rs　最初，はんこの歴史とか調べてたけど，今は，神尾印房とか調べてて，

神尾さんのホームページを見たら，人間の温もりがあるからこそ，世界に
一つというか全く同じものが作れない。悪用されにくいし，神尾さんがホー
ムページに書いてあったのは，今は9割機械で作っていて，1割は手彫
り。今，調べているように，神尾さんは，何を大切にしているのか，これ
から調べようと思っているけど，手彫りの理由は，人間の温もりがあるか
ら手彫りがいい。

T　何？　人間の温もり？

C　冷たいとか，あったかいとか。

Rs　この前も自分たちで消しゴムはんこを作ったけど，世界で1つ，自分
のもの。シャチハタとか機械彫りは，全く同じ形で同じデザインで，深く
ないというか。神尾さんが作っているから，あったかさがある。

T　ここらへんに感じたわけだね。わかりました。Hr さん。

Hr　私は保護者のみんなにアンケートをした。手彫りを持っている人は，
そんなにいない。新たにはんこを買うなら何を買うかと聞いたら，両方が
多くて。機械と手彫りなら機械が多くて。手彫りについては，素敵とか引
き継いでもらいたいとか言っている。①守ろうとしている人がいるよと伝
えて，もっと手彫りを買ってもらえるようにしたい。

T　神尾さんは伝統を守ろうとしている。An さん。

An　私は自分の家の近くのはんこ屋さんと神尾さんを比べてみた。1つ1
つのはんこはかわいくて，安めだった。子どもとか，手彫りにこだわらな
い人に安く買ってもらう。神尾さんの所は1つ1つにこだわっている。値
段が違う。目的が違うから。

Sn　私は2つあって。神尾さんが機械ではできなくて，世界で1つだけの
自分の自分だけのものをつくるというのね。世界に1つだけというのは，
機械は同じにしか作れないけど，手彫りはその辞書で調べたのをアレンジ
して作るから，世界で1つしかないものが作れる。えっと，アンケートを
クラスのみんなにパソコンでやった時，②もし，はんこがなくなったらど
うなるのかと思ったら，伝統がなくなって社会が成り立たなくなって。は
んこがなかったら，印とかなくなって。社会が混乱して，社会が成り立た
なくなって，はんこの代わりにある。買わないとか。私が思うのは，やっ

ぱり，伝統を守るために。

T　関係すること，こっちも言ってくれたね。Yo さん。

Yo　③僕，一番最初から材料を調べた。チタンはめちゃくちゃ頑丈。手彫
　　りと同じくらい頑丈。手彫りのメリットがなくなる。象牙とか水牛とかな
　　くなる。それに代わるのがチタン。木も切られるとなくなっちゃう。そう
　　なった時に残るのがチタンと人工の素材が混ざったもの。Sn さんは，は
　　んこがなくなってほしくないと言っていたけど，機械彫りになってしまう。
　　機械彫りを買いたい人は 4 人くらい。予想だけど，神尾さんの手彫りはな
　　くなると思う。

T　みんなどう思いますか。Rl さん。

Rl　私も Yo くんと同じで，伝統工業がなくなる。機械彫りは残るけど，だ
　　いたいなくなる。私たちは追究しているから手彫りはわかるけど，他の人
　　は知らないからなくなる。

Hr　Yo くんのなくなるというのはなくはない。Sn さんが言っていた伝統
　　を残したいし，6 時間で手彫りを彫るのを残したいし，すごいと思うし，
　　みんなもすごいって言っていたし。これはネットだから完全じゃないし，
　　全部だと限らないし，一宮，愛知に多い手彫り。他の店とは違うとか，や
　　ってるよとあるから，全くないわけじゃない。なくなるわけじゃない。や
　　っぱり危機。危ない。今すぐはなくならない。

Kh　AI は，人よりも賢い。この名前，この願い，特徴を考えて印影にして
　　作ったり，AI がどんどん出てくると神尾さんの手彫りがなくなる。チタ
　　ン，AI が機械彫りしちゃう。これは嫌なんだけど，なくなっちゃうかも
　　しれない。

Ko　神尾さんのことなんだけど，神尾さんの仕事がなくなるかもしれない。
　　手彫りの店がたくさんあることはわかったけど，たくさん職人がいるわけ
　　じゃない。神尾さんの話では，結構，客が来ている。名字・どんなのが多
　　いのかと聞いたら，機械ほどじゃないけど多いから，このままずっと職人
　　自体がなくなるから，はんこ自体はなくならないけど，手彫りはなくなる。
　　奥さんに聞いたら，今の不安ははんこ自体がなくなるのが不安。

T　奥さん自体も不安になっている。Kz さん。

Kz　手彫りのはんこについて調べたけど，自分のアンケートで，機械彫り
　　と手彫りなら，86％が手彫りだった。機械は11％。はんこを買うなら，
　　神尾印房が85.2％，その他が7.4％。

T　それじゃなくならない。

Kz　みんなが調べているからなくならないけど，今，デジタルだから，心
　　のこもっているという理由が多かった。安いからという理由が機械。

T　機械は悪いのかな？

Kz　まとめると，細かいところまで彫っているから，神尾印房はがんばっ
　　ているから，④神尾さんはどうして手彫りにこだわるのか。好きだからか
　　なと思ったけど，神尾さんは彫るのが楽しいからと言っていた。日本印章
　　協会，彫ることができる人がそこにいる。

T　こういう会があるから何？

Kz　デジタル化だけど，そういう会があるから，あんまり変わらない。

T　一番いいたいこと言ってみて。Ao さん。

Ao　伝統なくしたくないから。予想通り。

T　Ao さんも伝統をなくしたくない？

Ao　うん。この象牙は，あんまり取らない方がいい。だけど，これを販売
　　している神尾さんはすごい。象牙は手に入れるのは難しいと言っていた。

T　Ao さんはこれどっちだと思う？

Ao　iPhone とかあるから。

Rl　みんなのアンケートで，機械と手彫り，協力してほしい。敵という人
　　が多くて，その理由としては敵，一つ一つやることが違う。私は違う。仲
　　間だと思う。神尾さんは機械が増えてきている。機械彫りと手彫りは仲間。
　　敵という人を仲間にする。増やす。子どもたちは手彫りのいいところを知
　　らない。

T　手彫りと機械が仲間ってどういうこと？

Rl　⑤神尾さんによると，手彫りは減っている。機械は今増えている。こ
　　の２つが協力すれば，はんこはなくならない。だから，協力すればはんこ
　　はなくならない。だから，協力しなければいけない。

T　ここまでにするね。

(5) かかわり合いを通して問題の本質に迫る

　本実践の教材である手彫り印章は，機械化の進む今の時代に，伝統を大切にする意味やよりよい社会を共に創る価値について考えることができる教材である。神尾さんは，職人としての思いを強く持っている。職業選択をする際には，強く悩み，考え抜いて決心している。人の生き方についても考えることができる魅力的な教材である。しかし，その一方で，子どもたちにとって手彫り印章は，遠い存在である。それをどのようにして子どもたちの身近なものにするかが本単元のポイントであった。そこで，単元の学習前に，子どもたちが，自分の名前の由来について調べたり，岡崎の伝統工業が衰退しつつある現状について学習したりして徐々に関心を高めた。その上で，手彫り印章の伝統を受け継ぐ神尾さんに出会うことで，手彫り印章について意欲的に調べることができた。

　本時において教師は，子どもたちの発言をもとに具体的な視点を与えて板書することで，様々な方向に関心のある子どもたちの意識を学級の中心に集め，次のかかわり合いへと繋げることができていた。それぞれの子どもたちは，調べたことをもとに自分の考えを伝え合っていた。

　Hr さんは，実際に保護者にアンケートをした結果，手彫りよりも機械彫りを選ぶ人が多い現状を把握した上で，①「守ろうとしている人がいるよと伝えて，もっと手彫りを買ってもらえるようにしたい」と発言した。そこには，神尾さんの思いへの共感があった。

　Sn さんの②「はんこがなくなると社会が成り立たなくなる」という発言が出た際，教師が立ち止まって，子どもたちに，「みんな Sn さんの発言の意味がわかりますか？」と問い返して，なぜ，はんこがなくなると社会が成り立たなくなると考えたのか，Sn さんの思いや考えを掘り下げると，学級の子どもたち全員が同じ土台に立って，印象の社会的役割や価値について考えることができた。Sn さんの意見を掘り下げ，子どもたちがどのように Sn さんの意見に共感できるかが，今後の追究の鍵となる。

　Yo さんの③の発言から，子どもたちは，現在の社会の流れに目を向け，Rl さんの「伝統工業がなくなる」，Hr さんの「やっぱり危機」，Kh さんの「これは嫌なんだけど，なくなっちゃうかもしれない」，Ko さんの「奥さんに聞いたら，今の不安ははんこ自体がなくなるのが不安」など，子どもたちは，手彫り

印章を受け継ぐ神尾さんが今後も仕事を続けていけるのか，はんこそのものがなくなってしまわないか，危機感を抱いた。追究を見直すかかわり合いを通して，子どもたちは，Yo さんの③の発言をきっかけに危機感が共有され，Kz さんの④「神尾さんはどうして手彫りにこだわるのか」という問題の本質に迫る問いが出された。Kz さんから出された④の問いによって，学級の子どもたち自身の問題となり，「問題解決的な学習」のスタートに立ったのである。このような現実社会の中で，それでもなお，手彫りにこだわる神尾さんの思いに共感することができるかどうかが，今後の学習の肝となる。

　Rl さんの⑤の「神尾さんによると，手彫りは減っている。機械は今増えている。この２つが協力すれば，はんこはなくならない。だから，協力すればはんこはなくならない。だから，協力しなければいけない」という発言では，手彫りと機械彫りは仲間であり，協力する必要があるとする神尾さんの考えを受け止めた Rl さんの思いに子どもたちがどこまで共感できるかが「問題解決的な学習」の重要なポイントとなる。子どもたちのかかわり合いが思考の流れとなっていたのは，教師と子どもたちが互いに信頼し合い，本音で語り合える教室環境を，日々，教師と子どもたちが共に創り出しているからである。

4　これからの「問題解決的な学習」はどうあるべきか

　社会科の「問題解決的な学習」は，とても魅力的な授業論である。ひたむきに追究する子どもたちの姿やかかわり合いを通して，温かな関係性を築きながら，互いの思考を鍛え上げ，たくましく成長する子どもたちの姿には，いつも感銘を受ける。しかし，社会科の「問題解決的な学習」を実践する際は，まず初めに，すべてがうまくいくことを疑ってかからなければならない。世の中には，なかなか解決しがたい厄介な難問があることを認めなければならない。問題を解決するためには，あらゆることを考慮に入れ，これまでのものに変わる仮説をつくり上げて，自分で自分の誤りを修正しながら吟味していかなければならない。これからの「問題解決的な学習」にとって何よりも必要なのは，問い続けることである。問い続けることで，新たな問題が浮かび上がってくる。

素直に質問して意見を言い合い助け合いながら 成長する子供たちを育てる
──「問題解決的な学習」が社会科である意義──

宇都宮大学教授

溜池　善裕

1　社会科の「問題解決的な学習」とは何か

　「問題解決的な学習」が行われる教室には共通して，①教師の予想しないような考えが出される，②子供たちの助け合いや協力が著しい，③その授業の終わりかどこかにしーんとする瞬間がある，という3つの特徴がある。

　①が起こるのは，見つけたこと・予想・疑問・事実・事実にもとづく解釈や予想を出し合い，それらに遠慮なく自分の考えを出せるからである。②が生じるのは，間違えた子や分からない子を分かるようにしようと，個々の子供が授業（話し合い）に相互に関係し合うからである。また，教室には，困っている子供に話しかけたり世話をしたりするざわめきがあり，ふと教室から出て行くような孤立児は観察されない。③には二通りある。一つには自分たちや仲間の一人が新しいものを見つけたり，なるほどと思える見方をしたりした時の沈黙の中での子供たちによるはっとする驚き，もう一つは，教師の話を受け止め子供にしみ込んで行く時の，しーんとそれに耳を傾け自分に足りないものをひしひしと感じる真剣な沈黙である。

2　社会科の「問題解決的な学習」の現状と課題

　「問題解決的な学習」は，個々の子供の問題解決学習（individual thinking）とみんなでつくる集団的思考（group thinking）の複合体であるから，単元を展開しながら子供たちを捉え，それにもとづいて両者の足りない部分を指導しなけ

ればならない。つまり，指導によって目の前の刻々と変化する子供を捉えて単元を作るのであるが，それが知られていないのが現状であり課題である。

　個々の問題解決学習については，i①見つける・i②疑問を持つ・i③予想する・i④事実を調べる・i⑤事実をつなげて解釈したり予想する・i⑥さらに疑問を持つ，という指導を繰り返し行い，個々の子供が伸びていくようにする必要がある。したがって，教科書の内容が不動だと疑わない子や，インターネットを引き写しただけで調べたとする子には，現場に何度も足を運ばせるなどして観念的思考を崩し，i①からi⑥の動きを作ってそれが止まらないような，伸びていく子供を育てる必要がある。

　集団的思考についてはあらゆる機会で子供が相互に関わる状況を作り，g①互いの歩みを大切にする・g②補い合おうとする・g③真似しようとする・g④友達の困るが分かる，という関係性を結ぶよう，i①からi⑥の思考とも関連させて指導し，あたたかい中で共に伸びていく子供たちを育てるのである。

3　理想とすべき社会科の「問題解決的な学習」

(1)　「くらしを守る」の概要

　ここでは，【表】を参照しながら，3年生の単元「くらしを守る」を手がかりに，「問題解決的な学習」を成立させるための教師の指導を見ていこう。前単元では「店ではたらく人」を実施し，近所のスーパーを調べ，HPにあげたチラシがスーパーに置いてあることや，鮮魚売り場の人が数名で魚を無料でさばいていることを子供たちは突き止め，11月28日に発表している。担任は10月に担任復帰し，この単元を使って，疑問を見つける・予想を立てる・予想が正しいかどうかを確かめるために事実を見つける・それによってみんなに認められる，というプロセスを作った。事実，「くらしを守る」の導入である12月2日の授業では，学習テーマ「疑問を見つけ学習計画を立てよう」を子供たちが自らが作っており，疑問から始まる学習の意識が定着していることが了解される。

　けれども12月9日は，子供たちからはたくさんの疑問が出されたものの，それが小さな疑問ばかりで学習にならないことに担任自身も気づいている。ま

た子供たちにおいても，この日はテーマに沿った話し合いをすることが出来ず，それが友達の話とのつながりが意識されないことに因るものであることが自覚されている。そして，この日に K 女さんから出された，「違う話にならない」という反省は，12 月 13 日の学習テーマに生かされた。子供たちは，それぞれの家や近所で疑問を見つけてはいたが，各々が気になるバラバラなものであった。そこで担任は，意図的に学校の中にあるくらしを守るにも目を向けさせるようにしたのである。12 月 15 日は，担任が校内を子供たちと回り，くらしを守る施設のどこに目をつければ良いかが分かるようにしていった。この日の子供たちは，防火扉にとても強い興味を示した。一通り校内を見たので，12 月 16 日は 3・4 人のグループで校内を回り，見つけたものとその位置を，「教室配置図」にシールを貼り結果を 12 月 19 日に発表している。子供たちが発見したのは，防火扉・消火栓・消火器・火災報知機・さすまた・下駄箱の前のカーブミラー・AED である。担任はこの日，この調べの中にあった，他の子供たちと違うすぐれた視点に気づかせる指導をしている（(2)を参照）。そして 12 月 22 日は防火扉についての学習を行い，第 1 時は防火扉の仕組みの観察，第 2 時は話し合いをし，12 月 23 日の話し合い（(2)を参照）を迎えた。

表　2022 年 12 月に実施した単元「くらしを守る」

実施	学習テーマ	子供の動き・教師による子供の捉えや指導
2 日	「くらしを守る」について考え，疑問を見つけ学習計画を立てよう	子供：疑問から始まる学習を意識して学習テーマを設定する。
9 日	みんなの発表を聞いて，疑問を見つけ学習計画を立てよう	子供：みんなで学習する時は好きなことを言って言いわけではなく，テーマに沿って友達とのつながりを意識して話し合う必要がある。 教師：小さい疑問では学習にならない。
13 日	前回の K 女さんの進め方で違う話にならないように，たくさん疑問を出して，学習計画を立てよう	子供：自分が気になるバラバラな疑問を出し合う。 教師：学習の中のくらしを守るにも注目させる。
15 日	学校探検に行って，見つけたもので学習しよう	教師：共通の土俵に乗せながら，学校の施設のどこに目をつけるかについて指導。防火扉への飛びつきが最も良かった。消火器・火災報知

		機・消火栓にはあまり飛びつかなかった。
16日	3・4人のグループで学校の中をまわって，気づいたことや疑問に思ったことを発表しよう	子供：①どうしてその場所にくらしを守るものがあるのか，②火災報知機がなぜ教室の同じ位置にあるのか，③校内の防火扉は場所によってどうして形状が違うのか，について疑問を持つ。
19日	学校の中のくらしを守るをたくさん発表して，友達の発表もよく聞いて，自分が初めて知ったくらしを守るを見つけよう	子供：多くが防火扉に飛びつく。 教師：それぞれの子供がそれぞれの見方や思考の仕方で，疑問に思ったことについてそれを解決していくというプロセスを取っていないと，単元の本質的なテーマには迫れない。
22日	謎の防火扉の中を開けて，何があるか確かめよう	子供：第1時・防火扉を動かすのを観察。第2時・話し合う中で観察したものが「仕組み」だと知る。
23日	みんなが調べて分かったことを発表しよう	教師：しっかりした横のつながりを捉えて，集団的思考の指導を執拗に行う。

(2)　「問題解決の学習」のために何を指導したか

　個々の問題解決学習は集団的思考においても現れるため，それを捉えて指導すると，i①から⑥の指導およびg①から④の指導につながるのである。具体的な指導場面を時系列で見てみよう。

■教科書の活用（12月2日）

　子供が教科書を参照するように追い込み，教科書を使っている子供を取り上げて，事実と教科書の記述との間の往復運動をする動きを作る指導は，本単元第1時の後半で次のように行われた（Cは子供を示す）。

　T　今さあ，疑問を見つけるためにもすぐ手元に良いものもあるよね。（C　辞書）
　　辞書で疑問見つけられる？　R男さん，何持ってんのかな？
　R男　ええと『明るく豊かなA市』。
　T　市の教科書だね。K女さん，何持ってるかな？
　K女　『新しい社会3』の教科書です。
　T　はい。全国の教科書だね。I女さん，何持ってるかな？　良いもの。
　I女　パンフレットです。
　T　そうだね，もらったね。〈C，全国版と市の教科書，パンフレットを机の上に出す〉今，みんなが出したこと以外のことも載ってるんじゃないかな？　5分はちょっと短

いかもしれないけど見てみよう。Ａ市の教科書と全国の教科書。疑問が見つか
　るかな？〈Ｃ，5分間教科書を読む〉聞いてみよう，Ｓ女さん。

Ｓ女　「子どもひなんの家」です。

Ｔ　あああ。もうちょっと聞いてみようね。Ｐ男君。

Ｐ男　登校とか下校の時に見守ってくれる人。（Ｔ　Ｈ女さん）

Ｈ女　『明るく豊かなＡ市』の72ページに熱感知器ってのがあって，教室の天井
　にあるあれかなと思います。

Ｙ男　73ページの右の所に公園の絵があって，そこに消火栓って書いてあって，
　その消火栓の看板を公園でも見たことがあります。（Ｔ　Ｍ女さん）

Ｍ女　公園の地面とかに73ページにあるこういう丸いやつがあって，少し違うん
　ですけど，消防署が使うものだと思います。

■追究につながる方法を「ｇ③真似しようとする」指導（12月19日）

　12月16日の学校内のくらしを守るを見つける中で，追究につながる見つけ
方（下線部）をしている子供が出て来た。そこで板書をもとに「ｇ③真似しよ
うとする」集団的思考の指導を行った。

Ｔ　3人違う言い方。同じように見つけたことを言ってるんだけど，ちょっと違う
　見つけ方をしてる人が3人いる。分かるかな？　「あ！　あった」っていう見つ
　け方じゃない人が3人，確かいると思うんだけど。じゃあＦ男君教えて。

Ｆ男　Ｃ男さん。

Ｔ　Ｃ男さんだと思う人？〈挙手，多数〉（Ｃ　確認してる）そうそうそうそう。確認
　してるでしょ。どこのクラスにもあるって確認してるじゃん。ここにもある，
　ここにもある，ここにもあるって確かめてるでしょ。こういう見つけ方がすご
　いです。まだいるよ。はいＫ女さん。

Ｋ女　Ｌ男さん。

Ｔ　うん。Ｌ男君のどう？（Ｃ　28番まで）そうそう，消火器の番号確認してるじゃ
　ん。番号とかそういうところも見てるでしょ。ここが28，27，26。ってことは
　24はどこにあるんだろうね。たどっていったらなんか分かるかもね。はい，ま
　だあるよ。〈Ｔ，防火扉をチョークで囲む〉防火扉ね。全部同じ形？　違うんだよね。
　これ見つけたでしょ。あれ開けて良いって言われた？　教頭先生に。誰か開け
　て良いって言われたかな？〈Ｇ女，挙手〉言われたの？　開けて確かめてみよう，
　これもそうだね。じゃあ今度開けてみようか。

■ そのほかの集団的思考に関する指導

　12月23日の授業記録の発言を見ると，自分の学習についてa）なぜそれを学習したか・b）誰の学習と関係しているか・c）何を根拠にしたか・d）予想なのか・e）見聞・行動なのか・f）これからの予定なのか・g）確かめた事実なのか・h）見聞・行動や確かめた事実に基づく考察なのか，を明確に伝えている（同一記号の下線参照）。これは子供たちが横のつながりの強い，集団的思考の出来る集団になっていることを意味する。そこで担任は g ①②④の指導を執拗に行った。

　R男　僕は _bW男さんと一緒に「止まれの標識」を見つけました。「止まれの標識」は23枚 _gありました。みなさんどうですか？（日直（Z女）Q女さん）

　Q女　はい。私は _c私が行ってた保育園の暮らしを守るを見つけて来ました。保育園が火事になった時，滑り台を通って保育園の駐車場に逃げる _eそうです。それに，赤ちゃんとか小さい子は，滑り台を通ろうとすると，泣いちゃう子も _eいるらしいので，ベビーカーみたいな箱みたいなやつで _g赤ちゃんを運んでいました。発表出来る人はいますか。（日直（U男）L男さん）

　L男　僕は前，_bJ女さんが言ってた学校の消火栓の上にあるものは何か，あと消防署に本当につながらないのかを調べました。上についていたものは火災報知機です。その上のボタンの強く押すという所を押しても消防署には連絡が行かず，おっきい音が，プウプウプウプウって鳴るだけで，その周りの気づいた人が消防署に火事ですって連絡をする _eそうです。次の人どうぞ。（日直（U男）S女さん）

　S女　_a私は駅の近くを歩いている時に黄色いブロックがあって，それは何かなと思って調べてみました。点字ブロックは目が見えない人が安全に移動するためにあります。点字ブロックには誘導ブロックと警告ブロックがあります。誘導ブロックは，歩行者をその方向に誘導するブロックです。警告ブロックは，注意すべき位置を示すブロックです。次の人どうぞ。（日直（U男）他に発表出来る人はいますか？　O女さん）

　O女　私は火災報知機について，_c漫画よくわかるシリーズの本を見ながら，家でも実際に見てみました。火災報知機は階段や寝室の所に置いてあると書かれていたので，家で実際に見てみたら _g本当にありました。火災報知機は，とても，火災の時に役に立つのですが，本のページに火災報知機は長くても10年しかもたないと書いてありました。なので，私の家の火災報知器は壊れているのかな

ₐと思いました。火災報知機は長くても 10 年なので買ってみようよと ₑ言って みたのですが，何万円もかかるので難しいと ₑ言っていました。ₕ安全にもお金 がかかるのかなと思いました。次の人どうぞ。（日直（U男）　C男さん）

C男　僕は歩いて図書館に行く途中に消火栓のマンホールがいくつあるのかを調 べました。あったのは 4 つで全部が道路の角の近い所に ₉ありました。僕は車 と車でぶつかることが多いから角にあるのかと ₔ思いました。次の人どうぞ。 （日直（U男）　B男さん）

B男　僕は前 M 公園に行った時に，消火栓を見つけたんですが，₉いつもの消火 栓と違って，絵が書いてある消火栓でした。（日直（Z女）　F男さん）

F男　僕は帰り道で，ₐ止まれのやつで，看板のやつと道路のやつがあって，なん で 2 つあるのかを調べました。その答えは，道路に書いてある止まれは車の方 には見えづらいから看板で見ていて，歩行者側には，道路を見てああここは止 まれだから危ないんだなというのを ₔ意味しているのが分かりました。

T　これは車からは見えないってこと？

F男　ちょっと車から見えるけど，見えづらい。

T　看板は車から見える。これ誰か確かめてる人いたよね。いなかったっけ？　確 かめてる人。車に乗って確かめてた人いたよね。〈O女，挙手〉ああ，O女さん。 どうこれ，確かめた結果教えてくれる？　せっかくだから。

O女　とても下が見づらくて，お家の人は警察でもらった本にもあったんですけど， 気をつけていることがあって先を見て行動していると ₑ言っていました。

T　先を見るってどういうこと？　道路の遠くを見るってこと？

O女　遠くを見て何が危ないのかを見てると ₑ言っていました。　　　　【場面1】

T　遠くを見てる。何が危ないのかを見てるって，どういうことなんですか？　遠 くを見てこれが危ないかなと思うのって。〈O女，立ったまま発言が止まる〉

B男　ₔなんか危険を感じて。

T　B男君が言ってたけどそういうこと？　I女さん。止まれがあるなだから？

I女　止まれだから，ブレーキかなんだかを，そろそろ踏むか ₔみたいな。

T　ちょっと踏んどこうかなあとか。早めに。そんな感じ？　O女さん。

O女　そんな感じで，ₕいつバイクや歩行者が来てもおかしくないように気をつけ ている。

T　これは O女さんが確かめてくれてて，さらに運転手さんは先読みしてるのね。 難しい言葉でね危険予測をしてるといいます。　　　　　　　　　　【場面2】

日直（U男）　じゃあ最後の1人です。

T　日直さんも良いよ。日直さんも言いたいことあるよね。

日直（U男）　まだ言ってない人で発表出来る人いますか g②？

T　お休み前だから聞いてあげようか。まだ言ってない人で言えることある人手を挙げてくれるかな。〈P男，K女，J女，U男，挙手〉日直さんも良いよ含めて。じゃあ4人の人に言ってもらって，冬休み前だから聞きましょう。

日直（U男）　じゃあI女さん，K女さん，P男さん，僕の順で良いですか？　じゃあJ女さんからお願いします。　　　　　　　　　　　　　　　　【場面3】

J女　私はちょっと土日，家に火災報知機がいくつあるかを調べてみました。リビングに1つで，キッチンの方に1つあって，寝る部屋に1つ gありました。

日直（U男）　K女さん。

K女　はい。私は監視カメラが暮らしを守ってるんじゃないかと d思いました。どうしてかというと監視カメラがなかったら，泥棒が入って来ても，後から捕まえて何かを盗む証拠になるかなと d思ったからです。次の人どうぞ。

P男　僕はY公園に行って暮らしを守るってことを探してみたら， g「防災倉庫」という非常のために食べ物や，食べ物が入っている倉庫を見つけました。それで中に何が入っているのかは特に知らないんですけど，なんか縦が1メートル50センチ eくらいあって，横はだいたい3メートル eくらいあったので，何が入ってるか公園の人の許可が取れたら開けてみたいなと思いました。次の人どうぞ。

T　自治会長さんとか知ってるかもね。(L男　見たことある) 見たことある？ (L男　落ち葉はきの時に全部取り出してお手伝いしました g②) そう，見たことある人いるんだ。

日直（U男）　僕は塾の帰りに，あの止まれの看板見たら，あの，普通の止まれの看板と，あの，車のライトに当てたら光る止まれの看板と，あと車からライト当てなくても普通に赤で点滅している赤い止まれの看板があることに e気づきました。あと，看板の下に，英語で何か書いてあるのがありました。

T　英語でなんて書いてあるんだろう。止まれの下に。〈U男，標識が載っている本をTに見せる g④〉(U男　エスティーオーピー。H女　ストップ g④)

T　そうだね。ストップって読む。

日直（U男）　僕は何でこんなに止まれの看板の種類があるのかなあ g②って h思いました。　　　　　　　　　　　　　　　　　　　　　　　　　【場面4】

●「g②補い合おうとする」を指導【場面1】：aからhの分類との大きなズレ（F男の言い方の癖でこのように言ってしまう）（下線部d）がF男にあることを捉え，ズレのない日記を書いていたO女を意図的に指名して補わせ，g②を指導している。

●「g④友達の困るが分かる」を指導【場面2】：立ったまま発言が止まったO女を捉えて，B男・I女の発言に助けられたO女の考察を引き出し，それを「危険予測」と位置づけて，g④を指導している。

●「g①互いの歩みを大切にする」を指導【場面3】：友達のために上手に学習を進める日直（U男）を捉えて自分を最優先しない発言（下線g②）を引き出し，g①を指導している。

●g②とg④を同時に指導【場面4】：補おうとするL男を（下線g②）を捉えて，U男の困り感（下線g④），それを助けようとするH女（下線g④），それらに助けられたU男の考察（下線g②）を引き出している。

4　まとめ　「問題解決的な学習」で子供は自分の成長を感じ伸びようとする

　12月22日に担任は，子供たち相互の強い関わり合いを捉えて，振り返りを書かせている。学習全体を見渡しているV女の作文の，「さいしゅうてきに五つ」（二重下線）に該当する箇所に①から⑤までの下線をつけ検討しよう。

　　12月22日　10月からの自分をふりかえってできるようになったこと　　V女
　わたしが二学期中にできるようになったことは，三つあります。それは，①しつもんをして日記にかき，みんなに発表することです。社会のスーパーをやっている時にできるようになりました。今までは本などだけでした。でも，②先生がお友達になったスーパーMの店長代行のKさんやスーパーKの店長にしつもんしたりすることが一つ目です。二つ目は，③日記に書くことです。聞いたことをまとめたり，つまりなどで分かりやすくできたと思いました。前は，おたずねをたくさんされてしまいましたが今では少なくなってきました。三つ目は，④みんなに発表することです。むずかしい言葉の意味などをみんなにつたえることができました。この，三つができるようになったのでどんどん調べてどんど

ん発表することができるようになったと思いました。あと，⑤みんなに役に立つことができたと思いました。「ここがはじめてしったので役にたちました。」などと言ってくれた人がいたからです。（さいしゅうてきに五つになってしまいました。）三学期は，⑥もっともっとできるようになったことをふやしたいなと思いました。

　実際にスーパーに出かけて質問をすることで発見し（i①），それを発表したというのが①である。Ｖ女は観念的世界を抜け出し具体的世界に一歩踏み出したのである。異なる２軒のスーパーに行って質問をし，それを発表したという②は，２つを比較しなぜ２つが異なるのか等の疑問を見つけ（i②），それについて予想したり（i③）さらに事実を確かめたり（i④）していると考えられる。③は聞いてきたことを整理して関連づけ（i⑤）ているが，おたずねされるのが少なくなったのは，関連づけによって全体像の輪郭がはっきりとしたためである。つまり，この時点で，学習を通してお友だちに寄り添えるようになっており，g①・g②・g④が実現していると考えられる。「むずかしい言葉」はその背景となるものや関連することがらを学習して初めてその意味をうまく伝えることが出来るが，④ではi①から⑥の循環において疑問の解決が継続的に行われ，次第に知識が系統化されつつあるため，それが出来るのである。「はじめてしったので役にたちました」と言われた⑤は，みんなの役に立つ学習をつくる意義を実感し，それを集団的思考の楽しさとして感じている部分である。⑥は彼女自身が伸びて行くことの喜びをお友だちの存在とともに感じ，それを続けたいという気持ちのあらわれであり，上記のようなプロセスを取る学習をまたしてみたいということでもある。

　問題解決学習と集団的思考の複合体である「問題解決的な学習」は，以上のように問題解決学習を集団的思考とともに成立させる，その意味で，学習が社会科であるかどうかを評価する場でもあると言えよう。

第 **5** 節

問題解決的な学習に求める **4** つの観点
──体験を通して，自らの問いを掴む，振り返る──

大阪教育大学教授
峯　明秀

1　社会科の「問題解決的な学習」とは何か

　さまざまな教育論，教育方法が次々に提唱される中，問題解決的な学習ほど，常に繰り返し注目される学習はないだろう。それは問題を発見し解決する能力，課題解決力を育成する学習とされる。また学習を通して，児童生徒の主体性や協働性を伸長することが掲げられる。ジョン・デューイが提唱した問題解決学習は，我が国では 1947 年の社会科発足から展開された初期社会科に現れる。紙幅の都合上，問題解決学習の理念や当時の状況について記することができないが，「小学校社会科学習指導法」（文部省 1950）には，「1　児童が問題に直面すること，2　問題を明確にすること，3　問題解決の手順の計画を立てること，4　その計画に基づいて問題の解決に必要な資料となる知識を集めること，5　問題の解決の見通し即ち仮説を立てること，6　この仮説を検討し確実な解決方法に到達すること」の 6 側面が示されている。実際的な生活場面で，自らの興味や関心に基づいて問題を見つけ，それを追究することは，76 年を経た現在まで，社会科に引き継がれてきている。そして，2016（平成 28）年，中央教育審議会答申は，「新しい時代に必要とされる資質・能力の育成」を示し，学びを人生や社会に活かそうとする学びに向かう力・人間性等の涵養，生きて働く知識・技能の習得，未知の状況にも対応できる思考力・判断力・表現力の育成を掲げた。何を学ぶか，どのように学ぶか，何ができるようになるか，学校現場で「主体的・対話的で深い学び」をどのように実践するのかを問うものである。このことに関して，問題解決的な学習の枠組みから言及する。

2　社会科の「問題解決的な学習」の現状と課題

(1)　問題解決的な学習の「問題」は何か

　令和の時代の新しい問題解決的な学習に期待する反面，嘗ての問題解決学習が「はいまわる経験主義」「基礎学力の低下」「牧歌的な現状適応主義」等の批判を浴びたことは周知の事実である。批判の要点は①子供の直接体験に依存した生活改善的な私的・日常的生活課題を積み上げても日本社会の現代的課題の把握までには到達し得ないということ，②子供の興味や自発性という心理的側面を強調するあまり，学習の知的・論理的側面を軽視しているということ，③社会問題についての批判的，創造的な思考を通して，単なる常識的で生活適応的な思いつきのレベルを越えて生活をより高次なものに向上，発展させていくことができないというものである。これらに対して，今谷順重は①'日常的・私的生活課題と社会的・知的探究問題の未整理未分化，②'事実的知識と概念的知識・一般法則との未分化，③'事実認識と価値認識の未分化，④'価値分析と価値判断の未分化，⑤'価値判断と社会的行為の未分化を指摘している。昭和・平成・令和へと移り変わり，世の中は急速に変化し，社会の仕組みや構造は，個人からは見えにくくなってきている。問題が問題化される過程をどのように学習に組み込めばよいのか，社会問題の解決は可能なのか等批判される。子供たちが気付く，問題のレベル・質はどうか。追究や探究によって獲得される知識はどのようなものか，また問題は真に理解できるのか，さらに，その解決にあたって，どの範囲，程度の行為・行動を求めるのか等の問いが出される。

(2)　「だれ」にとっての問題か，「なぜ」問題なのか，どう解決するか

　前述の5つの未分化問題に対して，筆者は4つの観点からこれからの問題解決的な学習のあり方を提案する。

①　「だれ」にとっての問題か，何を問題にするか

　社会科学習において，子供たちにとって日常的で私的な生活上の課題をきっかけにすることは自然である。導入場面で，学習者の知的好奇心を揺さぶり，意表を突く，興味・関心を喚起するような問題を取り上げることは，だれもが肯定する。しかし，学習者が興味・関心を持続し意欲的に追究するには，相当

の自発的な動機と態度を必要とする。表面的な興味・関心は，その場限りの学習に留まる。例えば，子供たちは，日々，環境汚染や資源エネルギーの枯渇，戦争・紛争，国内外の政治・経済・社会の状況等の情報を見聞きしている。社会的な問題がどのように日常的で私的な生活課題に投影されているのか，問題の本質に気付くことはなかなか難しい。社会問題が日常の具体的

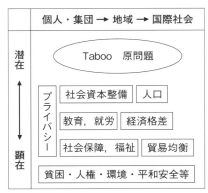

図1　問題の分類

事象にどのように表れているのか，社会の仕組みや構造から問題として起こっているのかに気付くためには，授業者の用意周到な問いの構造化が必要となる。問いに対する答えを，事実を探る中で発見していく過程が授業に組み込まれていることが求められる。図1は，社会の原問題が問題として可視化され，顕在化される問題の分類である。授業者は，個人・集団から地域や国際社会に広がる，どのような問題を目の前の子供たちと一緒に考えていくのか選択した上で，問題に迫っていくことになる。

② 「なぜ」問題なのか，学習問題の構造化

「Why なぜ」の問いは，理由・原因を究明する。言うまでもなく，「When いつ」「Where どこ」「Who だれ」が，「What 何」を，「How どのように」の問いは，事実的知識として利用される。しかし，事実を並べただけでは原因や理由を説明できない。以下，学習問題としての食品ロスに焦点を当てよう。食品ロスは経済の発展と共に起こってきたが，環境保全や食料生産，経済格差，消費生活，さらに持続可能な社会の実現のための国際的な関心の高まりから問題とされてきている。子供たちにとっても日々の暮らしや学校給食等で食料の損失・廃棄削減を捉えやすい内容である。農林水産省 HP の説明では，日本の家庭系と事業系の食品ロス総量は，2020 年度約 522 万トンで，一人あたり 1 日約 113g（茶碗 1 杯に近い量）のロスが出されている推計結果を示している。

　表1は，事業系食品ロスの発生要因と対策の方向を示している。国内の製造・卸売・小売・外食産業において発生要因があり，それは国際社会において

表1　事業系食品ロスの発生要因と対策の方向

	主な食品ロスの発生要因	対策の方向
食品製造業	商慣習 ・食品小売業において賞味期限の 1/3 を超えたものを入荷しない，2/3 を超えたものを販売しない ・先に入荷したものより前の賞味期限のものは入荷しない	商慣習の見直し
食品卸売業		
食品小売業		需要に見合った販売の推進
	販売機会の損失を恐れた多量の発注	フードバンクとの連携
	消費者の賞味期限への理解不足	消費者への啓発
外食産業	消費者の食べ残し	「食べきり」「持ち帰り」の推進

農林水産省　外食・食文化課　食品ロス・リサイクル対策室資料（令和5年1月）
https://www.maff.go.jp/j/shokusan/recycle/syoku_loss/attach/pdf/161227_4-25.pdf

も同様である。そして，貧困と飢餓は国際経済社会の不均衡の中で，中心的な問題として存在したが，2000年の国連サミットで合意されたMDGs（ミレニアム開発目標）や後継の2015年のSDGs（持続可能な開発目標）において策定された目標において，問題が具体的に顕在化してきているのではなかろうか。我が国では農林水産省の2008年からの食品ロス調査や2012年食品リサイクル法，2019年に食品ロスの削減の推進に関する法律が公布・施行されてきていることから，この15年間あまりで，学習問題として取り組まれ始めていると考えられる。

　そして，問題の原因を突き詰めれば，日本社会の製造から流通，消費に至る経済の仕組みや，国際社会における先進国と開発途上国との格差と社会構造を明らかにしていくことが求められる。このことからすれば，子供たちが研究者や専門家が行う「概念的知識・一般法則」に至る「理由・原因を究明する」ことは非常に難しい。授業者もまた同様である。ゆえに，学習問題の構造化は，問題を究明する問いと知識の構造を暫定的に計画することに留まる。

　では，不十分な事実認識によって，行為・行動を伴う学習活動を行ってよいのだろうか。

③　選択・判断，社会の見方・考え方

　ここでも，当事者にとっての問題は何なのかが問われよう。各々の立場の違

いによって，思いや願い，考えは異なる。なぜ，その人はそのような考えをしているのかを分析し，どのような行為を選択するのかを学習することになる。事実を認識する（結果としての事実的知識と概念的知識・一般法則の知識）ことに対して，価値認識は「よい，悪い」「すべき，すべきでない」といった評価的知識・規範的知識からなる。そして，価値の分析と価値判断が伴う。何に価値を

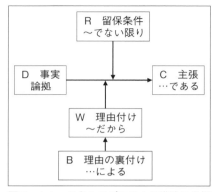

図2　トゥールミンモデルによる議論の分析

見出すかは一人一人異なる。事実認識に偏りがあると，行為の選択や判断も異なる。図2は，議論の構造を分析するために利用できる。これを用いて対立する主張の論拠や理由を明らかにし，互いの意見を調整する活動を学習過程に組み込むことで，どのような選択や判断をしたのかが明らかになる。学習者の「社会的な見方・考え方」を分析することができよう。但し，学習場面における子供たちの見方・考え方は，学習者が置かれている状況での事実認識によるため，その時点の暫定的なものである。ゆえに，論証に用いる事実や論拠，あるいは価値への依拠が変化することによって，主張が変化することも十分予想できる。その上で，学習それ自体が社会の仕組みや構造にどのぐらい迫れるのか，自分自身の思いや願いが，多くの人々が有する価値や規範をどのぐらい反映しているのかを，吟味することが必要になる。

④　振り返り，それぞれの立場からどのように解決するか

　社会的な問題の原因や背景を深く追究する社会科学習は，意図的，計画的な活動として展開される。そして，表面的な問題状況の把握と調べ活動では，問題解決のための解決策の提案や行為の選択は，画餅になる。①〜③の問題それ自体の捉えや，社会的な見方・考え方，価値の拠り所を吟味し，個人・集団それぞれの立場，その時々の行為・行動を試してみることではないだろうか。

　それは，図3の問題解決のアプローチにおける A 未来型の解決を目指すということであろう。そこには，将来社会を創造するという可能性が溢れている。

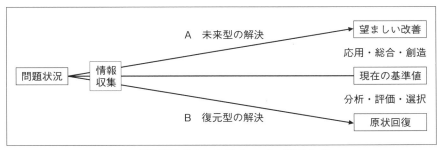

図3　問題解決の2つのアプローチ（筆者作成）

3　理想とすべき社会科の「問題解決的な学習」

(1)　小学5年・社会・総合的な学習の時間

安野雄一教諭（元 大阪市立東三国小学校）

単元名：農家の営みから世界に目を向け，「命」と「未来」を見つめよう

ねらい：

○知識及び技能：地球環境や世界と人々の営み，あらゆる「命」の関係について理解するとともに，様々な資料や調査活動を通して情報を適切に調べたり，まとめたり，実践したりすることができる。

○思考力，判断力，表現力等：地球環境や世界と人々の営み，あらゆる「命」の関係について多面的・多角的に考えたり，社会に見られる課題を把握して，その解決に向けて社会への関わり方を選択・判断したり，考えたことや選択・判断したことを適切に表現したり，実践したりすることができる。

○学びに向かう力，人間性等：地球環境や人々の営み，「命」の関係について，よりよい社会・未来を「そうぞう」する学びを通して，主体的・対話的に問題解決しようとする態度を養い，多角的な思考や理解を通して，我が国や地域，世界の将来を担う一員としての自覚，世界の国々の人々と共に生きていくことの大切さについての自覚しようとする。

表2　単元の流れ

学習活動（教室内）	教室外	指導上の留意点
1・2　コース選択，グループ決定，活動の方向性	3〜9 農作業 腐葉土 食べくず堆肥づくり	・調べ学習・情報整理（文献・ICT活用） ・農作業，腐葉土・食べくず堆肥づくりについて調べる。
10　立命館大学とのオンライン授業，Lápiz Private／チバベジとのオンライン授業		・ゲストティーチャーによる外部評価 ・ふーどばんくOSAKAへの農作物の寄付，おうちでクッキング，中間発表の動画撮影・リハーサル
11　ふーどばんくOSAKAへの農作物の寄付	11〜26 農作業 腐葉土 食べくず堆肥づくり おうちでクッキング	・中間発表の動画撮影・リハーサル　外部評価 ・29〜45　農作業，お野菜絵の具づくり，しめ縄づくり，腐葉土づくり，食べくず堆肥づくり，調べ学習・情報整理（文献・ICT活用） ・46〜49　最終発表に向けた動画撮影・リハーサル，他者評価・外部評価
27　中間発表（保護者・6年生向け）他者評価 28　活動前半・成長のふりかえり　自己評価		
50〜51　最終発表（他学年・保護者・外部講師向け） 52　活動全体・成長のふりかえり　自己評価・相互評価		・学級・学年全体で発表会を通して，振り返りを共有する。

（数字は時間数，安野提供の実施カリキュラムを抽出，様式に合わせ一部変更）

(2)　評価の方法（学ぶ姿の見取り）

　授業における子供たちの学ぶ姿の見取りや対話による評価，振り返りシート（ポートフォリオ評価）をもとに学習評価を行う。振り返りシートに書かれた記述内容を数値化したり，文章として残したりすることで，子供たち一人ひとりがどのように選択・判断し，どのような考えをもっているのかを見取るようにした。子供たちの思考の流れに寄り添い，学習内容の修正をしながら，学習を進めていくようにした。また，学習場面で使用した各シート（図4）をもとに，他者評価や外部評価を随時，受けながら学習を進めることで，自己の思考や実践の状況を把握し，次へのステップになるように評価場面を計画した。

ア　ステップアップガイド　No.1　4月15日（木）　5年　組　番　名前（　　　）
★大きな目的★　　　　　　　　　　　　　　　　　　　（ルビ省略）

今日の活動の中で，価値のあった学び活動	大きな目的に向けて，次にしたいこと・すべきこと
自由記述（感想，気づき，疑問など）	

イ　レベルアップカード（　/　（木）　　年　組　番　お名前　　　　　　　　）
班（メンバー）　　　　　　○をつけてください→（児童・保護者・教員・外部）

★発表を聞いたり，学習の様子を見たりして，発表者の姿から印象に残ったキーワードに○をつけて下さい。（複数可）また，ここにない場合，キーワードを書き加えてもよいです。

楽しむ　意欲的に　資料の収集・調査　役割分担　聴き合う　過去の経験を活かす　現状を把握　未来を見通す（情報や考えを⇒）　比べる　つなげる　分類する　相手を意識して発表　仕え方を工夫　よりよく改善　自分なりの考えを持つ　価値を見出す　最後までやり抜く　その他

★発表を聞いて，感じたことやアドバイスについて，自由にお書きください。また，育っていると思う力があればそれについてお書きください。

ウ　キャリアパスポート　振り返り
★総合学習プロジェクトを通して，価値のあった学びや活動についてまとめましょう。
★世界がよりよい方向へ向かうために，これから自分にできることはどんなことですか。

図4　学習場面で使用した振り返りシート（ア〜ウ）

(3)　学習場面と児童の振り返り

米だけじゃなくて，収穫した後のわらも無駄なく使えないかな？
どうやったら腐葉土とか食べくず堆肥がうまくできるのか聴いてみたい。

何かおじいさんが今度学校に来て標縄の作り方教えてあげるって言ってた。

落ち葉とか枯れた植物もそうやけど，給食室から出るフードロスも気になる。

フードバンクに寄付したことで，少し地域に貢献できた。でも，オンライン授業でおっしゃっていた「市場に流す仕組み」をどうつくるのかということも考えてみたい。世界にも同じような課題があると思うから。世界に広がったらいいと思う。

フードバンクへの寄付もアリだけれど，へんてこりん野菜でもうまく市場に流す仕組みをつくれば，農家の人たちのためになります。

昔の生活は本当に無駄が少ないなと思った。今はフードロスとか無駄が多い。生活を見直さないといけない。

(4) 教師の振り返り

　ポートフォリオ評価や対話の見取りから子供たちの姿として，事実や意味を追究することから価値判断・意思決定，そして創造・行動へと，子供たち自身の思考や活動・行動の変容が見られた。例えば，農家の営みを実体験する中で，調べ学習を通して，食品ロスの現状を捉えたグループがあった。このグループは，この事実を追究する中で，仲間との対話を通して，今の自分たちにどのようなことができるのかを考え，判断し，市場には出せない野菜から絵の具をつくり，作品展で描く絵画に利用しようと，外部講師からの助言を得ながらさまざまに実験を繰り返した。別のグループは，農作物の根も葉も茎も，全てを無

駄にせず，持続可能な農業の在り方を探る姿が見られた。このグループは課題解決に向けて，腐葉土づくりや食べくず堆肥づくりを行い，世界にその考え方や方法を広げようと試みる姿が見られた。身近な社会の課題から，世界のリアルな課題を見出す姿が見られた。子供たちの姿をポートフォリオ評価や対話評価によって見取り，教科の枠を超えて自由にイメージ・思考しクリエイト・行動につなげていけるように「学びの伴走者」として場の調整を行った。

4　まとめ

　安野教諭は，近年様々なところで示される SDGs（持続可能な開発目標）を視野において，社会科と総合的な学習を繋げた 1 年間の実践を試みている。社会科学習の米づくりや，身近に見聞きする環境問題の知識を，実際に体験することで新たな問題に気づき，外部講師や保護者や地域の大人と一緒になって，問題解決に挑む古くて新しい問題解決的な学習を示している。将来社会において大切にする価値は何かにこだわり，振り返りを中心に据えている点，長期に渡る実践を継続することで，子供たちの問題意識が各方面に表れ，その都度，授業者が寄り添いながら学習が展開されている点等，問題解決的な学習に求める 4 つの観点をどのように取り入れるか，多くの示唆を示している。

〔参考文献〕
・今谷順重『新しい問題解決学習の提唱―アメリカ社会科から学ぶ「生活科」と「社会科」への新視点―』ぎょうせい，1994 年（第 4 版）
・峯明秀・唐木清志編著『見方・考え方を鍛える社会科授業デザイン―子どもと社会をつなげる！―』明治図書出版，2020 年

子どもたちが地域のいまの「問題」から
未来の「社会」を考える授業
──「揖保乃糸まるわかりリーフレットを作ろう！」の実践をもとに──

兵庫教育大学教授
福田　喜彦

1　社会科の「問題解決的な学習」とは何か

⑴　「問題解決的な学習」を通して「最も身に付けさせたい力」

　筆者が考える「問題解決的な学習」を通して「最も身に付けさせたい力」は，自分たちが生きている地域の「問題」に目を向けて，それを時間や空間を超えて考えていくことができる力である。いうまでもなく，社会科での「問題解決的な学習」とは，社会諸科学の知識をもとに子どもたちが自ら探究していく学びである。しかし，ひとことで「地域」といってもどの地域を対象にするかで地域の「問題」も大きく変わってくる。子どもたちが自ら教師の支援なく地域の「問題」を捉えて学習を進めていくことができれば最も理想的な社会科の「問題解決的な学習」であるが，なかなかそのように学習を進めるのは社会科教育の歴史を振り返ってみても難しい。だからこそ，大学で専門的な知識を学び，実習で教職への視野を広げ，現場での実践を積み重ねながら，社会科教師として子どもたちとともに学び合える力を少しずつ身につけていくのである。こうした「問題解決」や「探究」といった学習を考える上で欠かせない人物はもちろんジョン・デューイであろう。デューイのいう学校と社会を生活の視点から結びつける学習のプロセスはいわれてみれば簡単なようであるが，実際に社会科の学習で実践しようとすればいろいろな困難が生じることは社会科の授業づくりを試みたことがある教師であれば誰でも実感できることである。では，なぜ子どもたちにとって最も身近な場所であるはずの地域から「問題」を見出すことが難しいのか。それは，子どもたちにとってその「問題」が当たり前の

ことになっていてあえて「問題」として考えることができなくなっているからである。例えば，コンビニエンスストアに行ってコンビニの何が問題なのかすぐにわかる教師や子どもたちがいるとすれば，社会科でそれを学ぶ必要はないだろう。何が問題かわからないからこそ社会科で「問題解決的」に学ぶのである。

(2)　社会科における「問題解決的な学習」の役割

　社会科における「問題解決的な学習」の役割は，子どもたちが地域の「問題」を自然な思考のプロセスで学ぶことができるようにいかに授業を組み立てるか，それを考えることができる点にある。社会科の「問題解決的な学習」は，一般的に「問題把握」→「問題追究」→「問題解決」のプロセスで捉えることができる。小学校社会科の「問題解決的な学習」は，中学校や高校と比べて長い学習時間をかけて行われていく。そのため，一時間で問題が解決するような学習問題ではなく，単元のレベルでの学習問題が設定されている。こうした単元レベルでの学習問題の解決は，「問題解決的な学習」の過程をもとに子どもたちの身近な地域の「問題」から考えることでその役割を果たすことできる。例えば，通学路に石碑が建てられているとしよう。子どもたちがその石碑に興味を持ち，それがいつ建てられたものか（時間），それはほかにもあるのか（空間）といった疑問をもって社会科の授業に取り組むとしたら，その石碑が建てられた理由を探究していくきっかけとなる。石碑もいろいろなものがあるだろうが，もし災害に繋がるものであったとしたら，石碑から「災害」という「問題」を社会科の授業で学ぶことができる。したがって，子どもたちが地域で気になるものに目を向けて社会科での学びに繋げていくためには，当然ながら教師が地域の「問題」について考えていなければ学びとして成立させるのは難しいのである。

2　社会科の「問題解決的な学習」の現状と課題

(1)　社会科の「問題解決的な学習」の現状

　社会科で「問題解決的な学習」を行うためには，単元レベルでの学習問題を

設定しなければならない。しかし，教員養成の学部段階で単元レベルでの学習を見通した社会科の授業づくりを学べているのかと問われたら筆者は自信をもって肯定的に答えるのは難しい。なぜなら，学部段階での「初等社会科教育法」で第3学年から第6学年までのすべての学習内容を単元レベルで構成することを学ぶのは時間的にも現実的にも厳しいからである。そこで，ある特徴的な単元を抽出して，学生に学習指導案を立案してもらい，単元での学びを構想してもらうのだが，模擬授業では，そのなかの数時間を学生に実践してもらうのが精一杯である。教育実習においても小学校は比較的長期間であるが単元レベルで立案したすべての授業ができるかといえば大学での授業と同様であろう。

　つまり，教員採用試験に合格して，実際に教育現場に出るまでは単元レベルの学習を子どもたちとともに作っていくのは困難なのが実情である。したがって，短時間での「問題解決的な学習」のプロセスしかなかなか学部段階での社会科の授業づくりでは学べないのが現状である。一方で，近年では教員養成は教職大学院段階まで領域を拡大している。教職大学院段階では学部段階での実習よりも教科指導力の向上に力を入れたプログラムが登場している。そのため，単元レベルでの社会科の「問題解決的な学習」の実践が可能となってきている。

　そのなかで，次に課題となるのが学部段階においても教職大学院段階においても社会科の授業づくりを支えるメンター教員の存在である。特に，小学校では，学級担任制をとっているため，必ずしも社会科を専門的に学んだ教員がメンター教員になるとは限らない。したがって，社会科の授業づくりに苦手意識をもっているメンター教員の場合，どのように単元レベルでの社会科の「問題解決的な学習」を作っていけば良いのか手探りなことも多いのが現状であろう。

　このように，優れた社会科の「問題解決的な学習」の実践がうまく継承されないまま，新たな授業づくりが求められているのが社会科の「問題解決的な学習」をますます困難な状況に陥らせている。手間と時間がかかる社会科の教材研究を忌避する傾向はこうした現状を背景にますます広がっているのではないかと筆者は危惧している。こうした状況のなかで小学校に教科担任制を導入して，専門性をもった授業づくりを推進しようという動きもある。こうした取り組みは，社会科の「問題解決的な学習」に対する新たな呼び水となるだろうか。

(2)　社会科の「問題解決的な学習」の課題

　社会科の「問題解決的な学習」の課題は，どのように授業モデルを共有していくのかである。戦後の社会科教育の歴史を紐解いてみても，数多くの優れた社会科の「問題解決的な学習」が語られてきた。そして，そうした優れた社会科の「問題解決的な学習」が成立するためには，どのような条件が必要なのか授業分析も行われてきた。さらに，先行研究の知見は，大学での授業を通して学生に伝えられ，教育現場での授業改善に寄与してきた。しかし，優れた社会科の「問題解決的な学習」の条件を学んでもすぐにそうした実践ができるようになるわけではない。なぜなら，教育現場に出てようやく1年間あるいはそれ以上の長い期間での学びを通して，社会科の「問題解決的な学習」を実践していくことになるからである。そこで重要なのが社会科教員研修での学びである。

　筆者は，兵庫県の揖龍地域の小学校社会科部会授業研究会での研究授業の講師を依頼されて，「工業生産とわたしたちのくらし」の学習単元にある「わたしたちのくらしを支える食品工業」の授業づくりを一緒に経験させてもらった。コロナ禍の影響で，対面での授業研究会が難しいなかでようやく再開した共同研究である。子どもたちも今まで当たり前のように地域をフィールドワークして学んでいたことができなくなったことで社会科の「問題解決的な学習」のプロセスもいろいろな局面を迎えている。こうした状況で研究授業に取り組んだのが小野市の小学校からたつの市に転任した中堅クラスの教師である。この授業者は社会科を専門としているわけではなく，この授業研究会を通して社会科の「問題解決的な学習」のプロセスを学びたいとのことであった。そこで，初めて出会った教材が「揖保乃糸」である。「そうめん」として「揖保乃糸」は全国的にも有名な食べ物である。では，「揖保乃糸」から何がわかるのだろうか。

　現行の「学習指導要領」に合わせて社会科教科書では，「食料単元」と「工業単元」が5年生の学習で位置づけられている。そこで，この二つの単元をいかに結びつけていくかが本学習のポイントとなる。また，第3学年の地域学習では，地域の農家や工場での学びがある。たつの市では，デジタルでの学びにも対応できるように，「揖保乃糸」の工場でのそうめん作りの行程も動画にされてアップロードされている。おそらく，子どもたちにとってはありふれた

「揖保乃糸」であるが教師にとっては初めての教材である。子どもたちにとっての既知の「揖保乃糸」と教師にとっての未知の「揖保乃糸」はどのようにすれば地域の「問題」を考える社会科授業になるだろうか。事例をもとに考えてみよう。

3　理想とすべき社会科の「問題解決的な学習」

　では，教師は社会科の「問題解決的な学習」をどのように捉えて授業開発したのだろうか。揖龍小学校社会科部会授業研究会で研究授業として取り組まれた「揖保乃糸まるわかりリーフレットを作ろう！」の実践から紐解いてみたい。

　本単元は，学習指導要領第5生内容(3)ア(イ)「工業生産に関わる人々は，消費者の需要や社会の変化に対応し，優れた製品を生産するよう様々な工夫や努力をして，工業生産を支えていることを理解すること」，イ(イ)「製造の工程，工場相互の協力関係，優れた技術などに着目して，工業生産に関わる人々の工夫や努力を捉え，その働きを考え，表現すること」に基づいて学習問題が設定されている。

　たつの市の特産品である「揖保乃糸」が今日のように全国的に有名になった背景には，原料の産地・地形や気候・歴史など様々な要因が関係している。それらについて理解を深めることで優れた製品を生産しようと努力した工業生産に関わる人々の工夫や努力を捉えることができる学習につながると考えている。また，自分たちの身近にある特産品を題材とすることでこれまでに学習した工業生産での製造過程が身近にも存在していることを感じることができるとともに，主体的に課題解決しようとする態度を養うことができ，郷土の工業生産と自分たちの町との関係について考えることのできる単元と授業者は捉えている。

　本学級の児童は，「さまざまな土地のくらし」の学習の中で，その土地に住む人々は，土地の良さを生かし，産業の発展に努めてきていることを学習している。さらに，「わたしたちの食生活を支える食料生産」の学習の中で，生産される食料は，その産地となる地域の地形や気候が関連し，さかんに生産されていることも感じてきている。また，1学期の総合的な学習の時間の学習を通して，「たつの市」の特産品について調べ学習を行っている。たつの市には，

多くの特産品があり，その特徴や生産する中にある苦労や，生産者の思いなどに着目してスライドにまとめている。しかしながら，その特産品がたつの市の地形や気候，ないしは，それをさかんに生産するに至った経緯にまで考えを広げ，実感する児童は少なく，授業者は，児童たちの住むたつの市の特産品である「揖保乃糸」であるが，一部の児童が2年生の時に資料館の見学に行っているものの，そうめんの生産過程についての説明でとどまっており，社会的な視点から自分たちの身近な特産品について知ろうとする学習にまでは至っていないことが課題と考えている。

　指導に際して，第一次では，自分たちの住むたつの市の特産品である「揖保乃糸」の現物を提示し，学習への興味をもたせている。全7種もある揖保乃糸は日本三大そうめんの1つにもなっており，全国各地で親しまれていることに触れながら，自分たちの町にある特産品のすばらしさを感じさせている。次に，自分たちの町の特産品に対する理解を深めるために，「揖保乃糸リーフレット」を作成し，資料館や揖保乃糸協同組合のその道に精通している大人に届けるという目標をもたせている。そして，リーフレットのイメージをもたせるために，教師が作成した「越前そばリーフレット」を提示している。それによって，学習のゴールを明確にさせることと，自分達の行う活動が，リーフレットにどうつながっていくかを意識できるようにさせている。学習の中では，小グループで共同的に作業を進めていけるようにし，その際，リーフレットを作成する班（ホームグループ）の中で「気候や地形」「歴史」「原材料」「作り方や特徴」の視点（専門家）から分担させている。その後，同じ視点の子どもたちを集めた専門家グループを作成し，同視点集団と異視点集団での話し合いを行き来するジグソー学習をしている。授業者は，視点を絞って思考し，同視点の他者と交流することで，みんなが学習に参加していける足場掛けを作り，異視点の人と一つの課題を考えることで様々な視点からの意見が出ることを期待している。

　第二次では，「揖保乃糸」と「讃岐うどん」を比較させることで，それぞれの特産物を取り巻く地形や気候，歴史等の共通点に気付かせている。また，相違点についてこれまでまとめてきたリーフレットを活用しながら考えさせることで，「なぜ，たつの市でそうめん作りが始まり，栄えたのか」について，社会的な視点から思考させ，ジグソー学習の特性を生かした学習活動に取り組ん

でいる。

第三次では，前時での振り返りを活用し，これまで作成してきた揖保乃糸リーフレットを熟考しながら，自分なりに考えた「たつの市で揖保乃糸が栄えたわけ」を記入し，完成させている。「揖保乃糸」についての理解を深め，地域や気候，歴史との関連性を捉えていくことで，自分たちの町である「たつの市」に対し，誇りをもつことにつながる学習を目指している。最後に完成したリーフレットを各種団体に見てもらうことで，自分達の学習した力は地域に広がり，大人にも伝わる生きる力になることを感じさせる学習となるようにしている。

〔知識及び技能〕
・工業生産に関わる人々は，地形や気候，得ることのできる原材料を生かし，優れた製品を生産するような工夫や努力をして，工業生産を支えていることを理解することができる。ア(イ)
〔思考力，判断力，表現力等〕
・製造の工程，工場相互の協力関係，優れた技術などに着目して，工業生産に関わる人々の工夫や努力を捉え，表現することができる。イ(イ)
〔学びに向かう力，人間性等〕
・<u>食品工業に関わる人々の努力や周囲の環境や気候の影響，歴史や生産者の工夫について，予想や学習の見通しをもったり，学習をふり返ったりして，学習問題を追究し，解決しようとする。</u>（下線部は筆者）

このように本単元は学習目標が上記のように設定され，表1で示したように指導と評価の一体化を図る学習過程となっている。表2・3は本単元の全体構成を示したものである。研究授業として全5時間のうち4時間目が公開された。

T：前回，揖保乃糸と讃岐うどんを比べる中で共通点は見えてきたよね。
C：原材料です。
C：どちらも中国からきている。
T：みんなの住んでいるところも瀬戸内気候だよね。
C：どちらもカラッとして瀬戸内気候で雨が少ない。

C：どちらも熟成されている。

C：小麦や塩を使っている。

T：小麦と塩の共通点あったね。

本時の授業では自分の見つけた
共通点を交流し，揖保乃糸や讃岐
うどんが栄えた理由が話し合われ
ていた。授業後の研修では本時の
授業に対する様々な意見が出され
た後，筆者はそれをもとに，写真

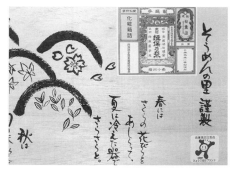

写真1　揖保乃糸（播州小麦）筆者撮影

1の資料を示し，経済的視点から「揖保乃糸」を捉えてみると授業はどうなる
だろうかと全体に投げかけてみた。

表1　小単元の主な評価規準

知識・技能	思考・判断・表現	主体的に学習に取り組む態度
・揖保乃糸の生産に関わる人々は，地形や気候，得ることのできる原材料を生かし，優れた製品を生産するような工夫や努力をして，工業生産を支えていることを理解している。ア(イ)	・揖保乃糸の製造工程，人々や工場相互の協力関係，優れた技術などに着目して，揖保乃糸の生産に関わる人々の工夫や努力を捉え，たつの市でそうめん作りが盛んになった理由ついて自分の考えを表現している。イ(イ)	・揖保乃糸の生産に関わる周囲の環境や気候の影響，歴史や生産者の工夫について，予想や学習の見通しをもったり，学習をふり返ったりして，学習問題を追究し，解決しようとしている。(下線部は筆者)

表2　小単元計画（全5時間）

学習活動	児童の活動と内容	評価規準
揖保乃糸リーフレットを作ろう		
1 揖保乃糸について知っていることを出し合い，学習の見通しをもとう。 2 ホームグループと専門家グループを作ろう。	・揖保乃糸について知っていることや疑問を交流する。 ・「越前そばリーフレット」（教師の見本）を見て，学習の見通しをもつ。 ・ホームグループの中で「気候や地形」「歴史」「原材料」「作り方や特徴」の4視点を分担する。	○揖保乃糸の生産について，予想や学習の見通しをもったり，学習をふり返ったりして，学習問題を追究し，解決しようとしている。〔態〕（下線部は筆者）

どうしてたつの市では「揖保乃糸」が栄えたのかを考えよう		
3　なぜ，たつの市で揖保乃糸が栄えたのだろう。（共通点に着目） 4　なぜ，たつの市で揖保乃糸が栄えたのだろう。（相違点に着目）	・専門家グループごとに集まり揖保乃糸リーフレットと讃岐うどんリーフレットを比較し，共通点について自分の意見をまとめる。 ・自分の見つけた共通点を交流し，揖保乃糸や讃岐うどんが栄えた理由について話し合う。 ・専門家グループごとに集まり揖保乃糸リーフレットと讃岐うどんリーフレットを比較し，相違点について自分の意見をまとめる。 ・自分の見つけた相違点を交流し，揖保乃糸や讃岐うどんが栄えた理由について話し合う。	○揖保乃糸の生産に関わる人々は，地形や気候，得ることのできる原材料を生かし，優れた製品を生産するような工夫や努力をして，工業生産を支えていることを理解している。〔知・技〕 ○たつの市でそうめん作りが盛んになった理由について自分の考えを表現している。〔思・判・表〕
揖保乃糸リーフレットを仕上げよう		
5　揖保乃糸リーフレットを仕上げよう。	・前時の板書をもとに，自分たちのリーフレットに情報を追加する。 ・前時のふり返りをもとに，「たつの市で揖保乃糸が栄えたわけ」を再考し，リーフレットに記入する。	○揖保乃糸の生産に関わる周囲の環境や気候の影響，歴史や生産者の工夫について，学習問題を追究し，解決しようとしている。〔態〕 （下線部は筆者）

表3　補足（【総合】リーフレット作成までの過程　6時間）

学習活動	児童の活動と内容	評価規準
1　資料館へ揖保乃糸のヒミツを探りに行こう。 2　エキスパートグループで調べ学習を行おう。 3　揖保乃糸リーフレットをまとめよう。 4　讃岐うどんについて知っていることを話し合い，調べ学習を行おう。 5　讃岐うどんリーフレットをまとめよう。	・資料館に見学に行き，揖保乃糸についての理解を深める。 ・エキスパートグループごとに見学で分かったことを共有したり，調べ学習を行い，理解を深めたりする。 ・前時で分かった内容を「揖保乃糸リーフレット」にまとめる。 ・讃岐うどんについて知っていることや疑問を交流し揖保乃糸と類似性が高い特産品であることを感じる。	○揖保乃糸の生産について，たつの市との関わりについて興味をもち，主体的協働的にリーフレット作りに取り組んでいる。〔態〕 ○揖保乃糸や讃岐うどんの生産にあたり，その地域の地形や気候，歴史が関係しており，製造過程において，生産者の努力や工夫があることを理解している。〔知・技〕 ○揖保乃糸や讃岐うどんが栄えた経緯について，集めた

	・エキスパートグループごとに調べ学習を行い，理解を深める。 ・前時で分かった内容を「讃岐うどんリーフレット」にまとめる。	情報をもとに考え，リーフレットに表現している。〔思・判・表〕

4　これからの「問題解決的な学習」はどうあるべきか

　社会科の「問題解決的な学習」で難しいことは，授業者がどのような「問題」を授業で子どもたちと考えていくかである。子どもたちは，本単元で自分達にとって身近な食べ物である「揖保乃糸」を通して「気候や地形」「歴史」「原材料」「作り方や特徴」の４つの視点から多くのことを学んでいた。「揖保乃糸」からいまの「問題」を捉えて，未来の「社会」をいかに考えていくのか。

　そのことを授業者がどのように考えていたのか，本授業実践から紐解いてみると，経済的視点から「揖保乃糸」を教材としてみることもできるのはないかと授業後の研修会で筆者は提案した。そのヒントとなるのが「播州小麦」の緑のラベルを付けた「揖保乃糸」である。細かくランクに分けられた「揖保乃糸」の中でこの商品がなぜ作られたのかを考えることで，「揖保乃糸」がどのような経済的な戦略をもって商品開発をしているのかを考えることができる。また，商品としてのブランド力を高めるための取り組みがどう行われているかも考えることができる。こうした経済的視点を本単元に組み込むことで社会的な見方・考え方を踏まえた「問題解決的な学習」の可能性が広がるだろう。地域の「問題」を考え，未来の「社会」をどのように作っていくのか。

　社会科，やっぱり「問題解決的な学習」である。

〔参考・引用文献〕
・たつの市教育委員会・たつの市小学校社会科副読本編集委員会「わたしたちのたつの市」（デジタル版）http://fukudoku.tesp.jp（最終確認日：2023 年 4 月 10 日）本授業が行われた神岡小学校は「揖保乃糸」資料館のすぐ近くにある。揖龍小学校社会科部会授業研究会での研究公開授業資料を提供して下さった田中一平教諭をはじめ，研究会の皆様にこの場を借りて厚く感謝申し上げます。

第 **7** 節

持続可能な社会の実現を目指す地理授業
―地球規模で考え，特定の地域スケールで問題解決方法を 模索する学習―

千葉大学准教授
阪上　弘彬

1　社会科の「問題解決的な学習」とは何か

　私が考える「問題解決的な学習」とは，持続可能な社会の在り方をめぐり地球的な視点から諸課題を考え，特定の地域スケール（例えば，国家，地方，身近な地域）において問題解決方法を模索する過程をたどる学習である。そしてこのような学習過程では，地球的諸課題の解決に関わる問いのもとで，学習者が持続可能な開発の考えを基に，地球的諸課題と特定の地域スケールでの諸課題を関連付けて考える，諸課題の解決に当たって地球規模と特定の地域スケール間で生じる可能性があるジレンマを考える，このような力を獲得・発揮しながら，問題解決方法を模索し，持続可能な社会の在り方について自分なりに考える姿が想定される。

　筆者の考えるこの学習の背景にあるものは，現在の社会系教科が直面するテーマとしての持続可能な社会の実現であり，これに付随する学習内容の中心となる地球的諸課題の捉え方および think globally, act locally（地球的視野で考え，（身近な）地域で行動する）という考え方である。なお think globally, act locally は，社会系教科ではグローバルな資質や地球的市民（性）を育成するという点（例えば，井上，1998）から，持続可能な社会の実現を目指す ESD（持続可能な開発のための教育）登場以前から着目されてきた考え方でもある。

　私たちの日々の行為は，良くも悪くも現在そして将来の地球（世界）の在り方に影響を与えている。その結果，悪い形で地球上に表出するのが地球的諸課題とよばれるものであり，その種類は枚挙にいとまがない。地球的諸課題は，

「一国だけの問題ではなく，国境を越えた地球的規模の問題であり，人間の生存にかかわる脅威」（外務省，2014）とされるため，その対処や解決に当たっては国連などが主導機関となり，地球（世界）規模で指針や憲章が作成されたり，取組のための目標が提案されたりしてきた（例えば，地球憲章，気候変動に関する国際連合枠組条約の京都議定書，ミレニアム開発目標）。今日では，持続可能な社会の実現という世界共通の目標が掲げられ，気候変動をはじめとする地球的諸課題の解決に向けて何らかの行動をしたり，2030年までに達成を目指すSDGs（持続可能な開発目標）の（ターゲット）目標に個人や社会全体で関わったりすることが求められている。

　他方，地球的諸課題やSDGsに代表されるような取組は，あまりにも規模が大きく，また普段の暮らしの中では地球的諸課題の影響や取組の効果を実感・認識しづらい面がある。加えて，地球的諸課題はその性質上，地球的諸課題同士が相互に結びつく複雑なものであり，特定の地球的諸課題に対処や解決をすればよいものではなく，私たちの解決策や取組によっては新たな地球的諸課題を引き起こしかねない。ゆえに，地球的諸課題を具体的な地域スケールで表出する諸課題と関連付けながら，問題解決方法を模索し，また解決策や取組が新たな諸課題を引き起こす可能性を考慮したり，異なる地域間で生じるかもしれない問題解決に伴うジレンマを考えたりする必要があるだろう。

2　社会科の「問題解決的な学習」の現状と課題

(1)　持続可能な社会の実現を目指す社会系教科を取り巻く現状

　教育分野における持続可能な社会の実現を目指す取組は，2002年におけるESDの提唱後，より一層重要なものとなった。2008年・2009年版学習指導要領ではESDという用語は直接みられないが，「持続可能な社会」や「持続可能性」といった用語が一部の社会系教科の分野・科目の中で初めて登場した。続く2017年・2018年版学習指導要領では多くの分野・科目において，持続可能な社会の在り方，特にその題材である（地球的／現代世界の）諸課題を扱う学習が設定されている。例えば中学校社会科地理的分野（以下，地理的分野とする）では，表1に示すような学習がこれに該当する。

表1　地理的分野に関わる（地球的）諸課題を扱った学習

項目		地域スケール	内容
B世界の様々な地域	(2)世界の諸地域	州，国家	【知識】世界各地で顕在化している地球的課題は，それが見られる地域の地域的特色の影響を受けて，現れ方が異なることを理解すること。 【思考力，判断力，表現力等】①から⑥までの世界の各州において，地域で見られる地球的課題の要因や影響を，州という地域の広がりや地域内の結び付きなどに着目して，それらの地域的特色と関連付けて多面的・多角的に考察し，表現すること。
C日本の様々な地域	(3)日本の諸地域	国家（日本），地方，県	【知識】幾つかに区分した日本のそれぞれの地域について，その地域的特色や地域の課題を理解すること。①から⑤までの考察の仕方で取り上げた特色ある事象と，それに関連する他の事象や，そこで生ずる課題を理解すること。 【思考力，判断力，表現力等】日本の諸地域において，それぞれ①から⑤までで扱う中核となる事象の成立条件を，地域の広がりや地域内の結び付き，人々の対応などに着目して，他の事象やそこで生ずる課題と有機的に関連付けて多面的・多角的に考察し，表現すること。
	(4)地域の在り方	身近な地域（学区）	【知識】地域の実態や課題解決のための取組を理解すること。地域的な課題の解決に向けて考察，構想したことを適切に説明，議論しまとめる手法について理解すること。 【思考力，判断力，表現力等】地域の在り方を，地域の結び付きや地域の変容，持続可能性などに着目し，そこで見られる地理的な課題について多面的・多角的に考察，構想し，表現すること。

資料：文部科学省（2018）をもとに作成。

　表1から，地理的分野での（地球的）諸課題は，①学習が進むごとに，地域スケールに応じて地球的諸課題から地域的諸課題へと移行，②特定の地理的見方・考え方に着目して多面的・多角的に考察することが主で，解決するための手法（構想，まとめる，議論など）といった問題解決方法を模索する学習も一部ではあるが組み込まれていることがわかる。

　また学習指導要領でのESDを意識した学習の登場を契機に，今日までに社会系教科においてもESDに関する体系的な研究がなされ（例えば，中山ほか，2011；井田，2017），社会系教科学習におけるESDの目標・内容・方法も整理

されている（表2）。なお学習内容となる諸課題は松井（2004）によれば，地球的諸課題とともに地域的諸課題も扱うことが意図されている。

表2　ESDの目標・内容・方法

項目	内容	具体例
学習目標	持続可能な社会の形成に資する資質・能力	問題や現象の背景の理解，システム思考，批判的思考，データ分析・活用能力，コミュニケーション能力，社会参画に向けた態度など
学習内容	環境・経済・社会の各領域に関連および各領域を横断する諸課題	社会問題（雇用，人権，ジェンダー，平和，人間の安全保障），環境問題（水，廃棄物），経済問題（貧困削減，企業責任，説明責任），世界中の関心を集める大問題（HIV/AIDS，移民，気候変動，都市化）など
学習方法	参加型学習	関心の喚起→理解の進化→参加する態度や問題解決能力の育成を通じて具体的な行動を促す学習過程

資料：佐藤・阿部（2006），井田（2011）をもとに作成。

(2) 持続可能な社会の実現を目指す社会系教科（地理的分野）の課題

　前項で述べたように，持続可能な社会の実現に向けて，社会系教科（地理的分野）のカリキュラム（学習指導要領）およびESDの方向性（目標・内容・方法）は整えられつつある。一方で，本稿で主張するような学習を展開するという観点からみた場合，次のような課題があると考えられる。

　1点目は，持続可能な開発の考え方である。これは，持続可能な社会における中心となる考え方であるが，桑原（2011）をはじめ，定義が複数存在し，難解・抽象的なものであると指摘されている。持続可能な社会を目指した社会系教科学習では，「持続可能な開発」は諸課題の構造を捉えたり，解決策や取組を判断・評価したりする基準となるものである。それゆえに，この考え方自体を知り，理解する学習（過程）が不可欠である。

　2点目は，地域スケールが単元単位で固定されていることである。地理にはESDの実践に際し，地球的諸課題に対して地域スケールを変えて分析できるという強みがある（阪上，2012）。表1からわかるように，地理的分野全体では州，国家から身近な地域までの地域スケールを扱い，think globally, act locallyが可能な構造となっている。しかし，単元単位では地域スケールがほぼ固定され，それに対応した諸課題を中心に扱うため，単元内ではthink globally, act locally に基づき学習することが難しい状況にある。また地域スケールをみた場合，表1では think globally にあたる地球の地域スケールが含まれていない。単元内で地域スケールを変えて地球的諸課題を捉えるような学習が必要である。

3点目は，異なる地域スケール間で生じうるジレンマの扱いである。think globally, act locally に基づけば，特定の地域スケールでの解決策や取組が，その地域スケールの諸課題だけでなく，地球的諸課題の解決にも寄与する必要がある。しかしながら現状の学習では，特定の地域スケールの持続可能性や問題解決を検討することはあっても，解決策や取組が地球的諸課題の解決に寄与しているのかを考えたり，評価したりすることはまれであろう。やや短絡的ではあるが，学習過程の最後には解決策や取組が地球的諸課題にどのように影響するのかを省察する学習活動が必要ではないだろうか。

4点目は，（身近な）地域に出て問題解決のために行動したり，関わったりすることへの困難さである。（身近な）地域で問題解決に向けて模索した方法を実施することは，持続可能な社会の実現を目指す学習のうえでも重要だが，時間的制約など様々な障壁ゆえに，このような学習を常に実践することは難しいだろう。地理授業では身近な地域だけでなく，様々な地域スケールを対象とし，そこで生じる多種多様な諸課題およびその解決策や取組を学ぶことができる。多くの授業では将来的な身近な地域的諸課題に対する解決策や取組を提案，実施する学習に備えるべく，様々な地域スケールを対象にそこで表出する諸課題への解決策や取組を理解し，評価するような学習（ケーススタディ）を設計することが考えられる。また上述を踏まえて，本稿では locally がさす地域スケールを一般的に用いられる身近な地域だけでなく，諸課題の解決策や取組が実施されている地域スケールも含むものとして使用している。

3　理想とすべき社会科の「問題解決的な学習」

本稿では，阪上（2016, p.410）に掲載のドイツ中等地理教科書所収の単元「一つの世界？」を参考に，前項までに述べた内容を踏まえ，地理的分野の単元「地球的諸課題の解決方法を探る」を開発した。単元（6時間）では，地球

的諸課題として「開発に関わる問題」を取り上げ，３つのパートを通じて諸課題を地球規模で考え，特定の地域スケールにおける問題解決方法を模索する。

　第１のパート（１・２時間目）は think globally に基づき，学習が展開する。ここでは，地球規模での開発に関する諸課題の特徴や地球規模での一般的な解決策・取組に対する認識，持続可能な開発に関する考え方を獲得させる。１時間目は，地球規模での開発に関する諸課題を認識するものであり，開発（発展）状態を測る基準（指標）の理解，具体的な開発に関する諸課題を確認するとともに，世界の乳児死亡率などの主題図の読み取りを通じて，世界全体での諸課題の分布および傾向を考えさせる。２時間目は，地球的諸課題に対する解決策・取組を題材として取り上げ，持続可能な社会の基本的な考え方となる持続可能な開発（世代間・世代内の公平，環境・経済・社会のバランスの取れた発展）の考え方を習得させる。そして，１時間目の主題図で登場した州・国を中心に，各州・国で実施されている開発に関する諸課題への解決策や取組の特徴を把握させる。

　第２のパート（３・４・５時間目）は act locally に基づくものであり，ケーススタディとして特定の地域スケール（州・国家）で表出する開発に関する諸課題と解決策や取組を扱う。第２パート全体では，各地域スケールにおける地球的諸課題の現れ方や背景の理解，諸課題の解決に向けた実社会での解決策や取組を評価することをねらいとする。具体的に３から５時間目では，アフリカ州における食糧問題，バングラデシュにおける労働問題，東南アジアにおける観光産業を扱い，特定の地域スケールにおける地球的諸課題の現れ方やその背景を理解させる。諸課題の理解を踏まえて，地域の状況に合わせてどのような解決策や取組が実施されているかを把握し，また解決策や取組が持続可能な開発の考えからみた場合，対象地域での問題解決に寄与したものになっているかを考察させる。

　最後の第３パート（６時間目）は think globally に基づくものであり，第２パートで扱った解決策や取組を地球規模の視点から再度評価することをねらいとする。食糧援助，フェアトレード，観光産業から１つを選択し，これらの解決策や取組が地球的諸課題（例えば，１時間目に挙げたような開発に関わる地球的諸課題）の解決に寄与するものであるのか（特定の地域スケールの問題解決のみに寄与

していないか）を評価したり，解決策や取組が実施されることで新たな地球的
諸課題を引き起こす可能性があるかを考察させたりする。

表3　単元「地球的諸課題の解決方法を探る」の展開

展開	地域スケール	学習活動	指導上の留意点
think globally：地球的諸課題の把握	地球	1　地球規模での開発に関する諸課題 ○国などの開発状況を捉える基準にはどのようなものがあるのかを挙げる。 ○基準から，開発に関わる地球的諸課題として認識されているものには何があるかを挙げる。 ○世界全体ではどのような州・国で開発に関わる諸課題が発生しているのかについて主題図の読み取りを通じて理解する。	・基準として経済開発だけでなく，社会開発があることを理解させる。 ・飢餓や貧困，教育機会の不十分さ，経済発展の遅れなどがあることを確認させる。 ・さまざま基準（乳児死亡率，人間開発指数，世界幸福指数など）に基づく主題図を扱う。読み取りを通じて，学習者に諸課題を抱える州・国の分布やその傾向を考えさせる。
think globally：地球規模での諸課題の解決策や取組の把握	地球	2　地球全体での開発に関する取組 ○持続可能な開発の考え方について確認する。 ○地球全体で取り組まれている開発援助や開発協力の方法・取組について調べ，その方法・取組の特徴を理解する。	・持続可能な開発の定義：「世代間・世代内の公平」，「環境・経済・社会のバランスの取れた発展」 ・1時間目の主題図で登場した州・国を中心に展開する取組を取り上げる。また調べるに当たっては教科書やPC等を利用する。
act locally：【ケーススタディ】特定の地域スケールでの諸課題の理解と解決策や取組の評価	特定の地域スケール（州，国家）	3　アフリカ州における食糧問題と食糧援助の取組 4　バングラデシュにおける労働問題とフェアトレード 5　東南アジアにおける観光産業による経済発展の取組 ○各地域で表出する開発に関する諸課題を挙げ，また諸課題の背景について説明する。	・表出する諸課題の背景を，州という地域の広がりや地域内の結び付きなどに着目して，地域的特色と関連付けて考察，説明させる。 ・解決策・取組の把握，評価に際しては，統計資料（援助額の推移を示すグラフやフェアトレード製品の売上額推移など），新聞記事（援助により私腹を肥やす政治家や企業に関する記事など）

		○各地域における解決策や取組の事例を資料の読み取りなどを通じて挙げる。また解決策や取組の仕組みなどを説明する。 ○持続可能な開発の考え方から，各地域での解決策や取組が地域での諸課題の解決にどのように寄与しているかを説明し，評価する。	など，取組による現状を多面的に把握できる資料を用いる。 ・持続可能な開発（世代間・世代内の公平，環境・経済・社会のバランスの取れた発展）の考えから学習者が解決策や取組を評価できるように適宜学習者に助言・指導する。
think globally： 解決策や取組の 地球的規模から の再評価	地球	6　地球規模での解決策や取組の省察 ○特定の地域スケールでの解決策や取組が地球的諸課題の解決に寄与しているかを評価する。 ○解決策や取組に伴い新たな地球的諸課題を引き起こす可能性があるかを推察する。	・前時までに扱った食糧援助，フェアトレード，観光産業から1つを選択して学習する。 ・地球的諸課題の解決と特定の地域スケールでの諸課題の解決の間でジレンマが生じていないかに学習者が着目できるように指導する。

4　持続可能な社会を支える地理教育・学習の充実に向けて

　持続可能な社会の実現に向けて社会系教科の中でも地理教育・学習の果たす役割は大きい。特に2018年版学習指導要領において導入された高校の必履修科目の地理総合は，持続可能な社会づくりを目指し，環境条件と人間の営みとの関わりに着目して現代の地理的な諸課題を考察，グローバルな視座から国際理解や国際協力の在り方を，地域的な視座から防災などの諸課題への対応を考察する科目である（文部科学省，2019，p.13）。同科目の導入により，高校でも地理が継続して学習される環境が整備された。地理総合は think globally, act locally の考え方も踏まえられており，本稿で提案したような問題解決的な学習を継続して実施することも可能であると考えられる。そのためには今後持続可能な社会の実現を軸に，中学校と高校それぞれで担う地理教育・学習の役割の明確化や学習の連続性の在り方を考えることがより一層重要となる。

　また本稿で提案した学習では，一般的な ESD 実践でみられる問題解決方法

を自ら考えたり，実施したりするような学習活動は組み込まなかった。この理由は，前述のように将来的に身近な地域的諸課題に対する解決策や取組の提案，その実施のための備えとして本学習を位置づけているためである。しかしながら，身近な地域を対象に問題解決方法を提案したり，実施したりする学習は持続可能な社会の実現にとっては不可欠であり，このような学習が実践されなければ，本稿で提案したような問題解決的な学習は単に特定の地域スケールにおける諸課題の解決策や取組を認識するだけに留まってしまう。そうならないためにも，今後は諸課題の解決に向けて（身近な）地域で行動する学習を実施するための方略（例えば，総合的な学習の時間といった他教科などとの連携，地域社会と連携した活動の場・時間の確保など）も考える必要があるだろう。

〔引用文献〕
・井田仁康「持続可能な社会の形成のための社会科・地理歴史科―高等学校地理歴史科における融合科目の提案―」，『社会科教育研究』113，pp.1-8，2011 年
・井田仁康編『教科教育における ESD の実践と課題―地理・歴史・公民・社会科―』古今書院，2017 年
・井上京子「グローバルな資質を育成する環境問題の学習方法論―イギリス地理教科書『地理：人々と環境』の場合―」，『社会科研究』49，pp.21-30，1998 年
・外務省「3. 地球的規模の問題への取組」https://www.mofa.go.jp/mofaj/gaiko/oda/shiryo/hakusyo/08_hakusho/main/b3/s2_2_03.html 2014 年
・桑原敏典「持続可能な社会の形成を目指した社会科教材開発の原理と方法」，『社会科教育研究』113，pp.72-83，2011 年
・阪上弘彬「高等学校地理におけるクロス・カリキュラム理論を取り入れた ESD 授業開発」，『新地理』60(2)，pp.19-31，2012 年
・阪上弘彬「ESD の視点を入れた地理カリキュラム・学習の構造と特質―ドイツ・ニーダーザクセン州ギムナジウムを事例に―」，『E-journal GEO』11(2)，pp.401-414，2016 年
・佐藤真久・阿部治監訳「DESD 国際実施計画」，「持続可能な開発のための教育の 10 年」推進会議編『ESD-J2005 活動報告書』持続可能な開発のための教育の 10 年推進会議，pp.173-193，2006 年
・中山修一・和田文雄・湯浅靖治編『持続可能な社会と地理教育実践』古今書院，2011 年
・松井上席研究員訳「仮訳（未定稿）国連持続可能な開発のための教育の 10 年 2005-2014 国際実施計画案」2004 年

・文部科学省「中学校学習指導要領（平成 29 年告示）解説　社会編」2018 年
・文部科学省「高等学校学習指導要領（平成 30 年告示）解説　地理歴史編』2019 年

第 **8** 節

中学校歴史教育における「問題解決的な学習」

秋田大学大学院教授
外池　智

1　社会科の「問題解決的な学習」とは何か

⑴　「問題解決的な学習」を通して「最も身に付けさせたい力」

　OECD の定義した「キー・コンピテンシー」の概念を踏まえて，2015（平成 27）年から進められている Education 2030 では，①知識，②スキル，③態度・価値から構成されるコンピテンシーに加え，「新たな価値を創造する力」「対立やジレンマを克服する力」「責任ある行動をとる力」の 3 点を「変革を起こす力のあるコンピテンシー」として提言している[1]。周知の通り，この影響を大きく受けた 2017（平成 29）年版学習指導要領では，従来の四観点（「関心・意欲・態度」「技能・表現」「思考・判断」「知識・理解」）を再編し，「学力の三要素」として「知識及び技能」「思考力，判断力，表現力等」「学びに向かう力，人間性等」を子どもたちに「身に付けさせたい力」として提言している。「問題解決的な学習」が，2017（平成 29）年版指導要領で示されている「課題を追究したり解決したりする学習を通して」のコンテキストにあるとすれば，こうした「変革を起こす力のあるコンピテンシー」や「学力の三要素」とは無縁ではない。さらに，こうした今日的に考えられる「問題解決的な学習」の背景がいわばヨコ（グローバル化）の影響であるとすれば，やはりタテ（歴史）の背景も考慮せねばならない。それは，戦後新教育で新設された経験主義社会科から系統主義への改編，そして 1960 年代の「教育の現代化」，1970 年代の「教育の人間化」を経て，平成元年版指導要領の「新しい学力観」，平成 10 年版指導要領の「生きる力」，2008（平成 20）年版の「確かな学力」等の紆余曲折を経て，

いわば"復権"を果たした「問題解決的な学習」である。

　「問題解決学習は単なる一指導法ではない」[2]，あるいは「問題解決学習は単なる学習形態，教育技術ではない」[3]との主張はあるが，ここでは，こうしたヨコ（グローバル化）の影響である「変革を起こす力のあるコンピテンシー」や「学力の三要素」，そしてタテ（歴史）の背景，すなわち歴史的変遷を経た「問題解決的な学習」を踏まえて，学習展開の原点に立ち返って考えてみたい。

(2)　社会科における「問題解決的な学習」の役割

　さて，「問題解決的な学習」においては，子ども達に「身に付けさせたい力」と密接に関連して，少なくとも以下の4つの資質・能力が必要となると考える。

①　「問題」設定力－「問い」の生起

②　「解決」力

③　学習過程の組織力－自己推進力，自律的学習力

④　省察力

「問題解決的な学習」においては，まず最も重視されるのは，その出発点となる「①『問題』の設定力」，すなわち「問い」の生起であろう。デューイの反省的思考説では「①困難の漠然とした自覚」「②困難点の明確化」として示された段階となる[4]。さらには，かつて1980年代に長岡文雄氏と有田和正氏との論争が「切実性論争」と称され，谷川彰英氏が前者を「切実である」派，後者を「切実になる」派として論じ，注目を集めた過程である[5]。学習の出発点であるこの「問題」の設定は常に重要な論争点となって今日に至っている。社会科の対象は当然ながら社会的事象であるので，子どもが生起する「問題」は社会的事象と密接に関連する「問題」となる。したがって，それは必ずしも子ども達の学習上の「問題」に限らず，社会的「課題」が選択されてきた。しかし，短絡的に社会的「課題」を「問題」として設定すると，「解決」をどうするのかの問題が問われる。実社会で解決困難な社会的「課題」を，何時間かの学習で子ども達が「解決」し得るのか，実に表面的な薄っぺらい「解決」によって等閑にされるのは本意ではあるまい。社会科教育において設定される「問題」とは何かという根本的な問題は残るが，いずれにしてもそうした「問題」自体を明確化し，設定しうる力は子ども達に「身に付けさせたい力」であ

る。

　こうした「問題」と直結的に関係するのが「②『解決』力」の問題である。すなわち，前述した通り何をもって「解決」とするのかの問題である。当然ながら「問題」の内容にもよるが，「解決」の程度（レベル）は想定される。例えば，あくまで授業展開における「めあて」の達成に留まるのか，それとも社会参画の一歩として教室を出て社会的な「提言」となるのか，あるいは実質的な社会参画となるのかである。しかし，当然のことながら社会参画に到達しても「問題」によっては根本的な「解決」とはならない場合もある。「問題」に対して「解決」といえば聞こえは良いが，実質的な社会的解決に至らなければ，やはり本質的な「解決」とは言い難い。ちなみにキャリア教育では，身に付けさせたい汎用的能力をそれまで「課題解決力」としていたものを「課題対応力」に変えてきている[6]。「問題解決的な学習」と言ってしまえば，それはどうしても「解決」する学習活動となるが，様々な社会的事象の解決困難な問題を鑑みれば，問題に対する“対応力”はむしろ適切とも考えられる。

　次に，「③学習過程の組織力」についてである。「問題解決的な学習」のさらなる特色は，「問題」が設定され「解決」に至るまでの学習を子ども達自身が見通し，計画を立て組織化し，そして実行していくところにある。すなわち，それは自己推進力であり，さらに言い換えれば自律的学習力といえる。この過程の中では，社会科の特色である資料活用力（収集，読解，批判的解釈・理解）も求められる。「問題解決的な学習」では，まさに1998年版指導要領で登場した「生きる力」が求められるのである。ちなみに，秋田大学教育文化学部附属小学校においては，50年以上の歴史を持ってこうした“自律”に関わる実践的研究を続けている。文部行政からの要請だけではなく，地域に密着した附属小学校においても極めて重視されている点には着目しておきたい。

　最後に，「④省察力」である。ここでは，①から③まで実際に実行して来た学習過程や学習内容を自身でリフレクションするメタ思考が求められる。PDCAサイクルによる自走力が各方面で求められて久しいが，子ども達の学びを高めるためにも求められる力であり，「問題解決的な学習」においても当然求められる力である。

2　社会科の「問題解決的な学習」の現状と課題

　戦後の社会科新設当初から，問題解決学習と歴史教育はそぐわないとの歴史独立論があった。それは，創設当初の中学校社会科においても「国史」だけが独立して構想されていた点からも見て取れる。しかし，そうした中でも吉田定俊（熊本大学附属中学校）による「水害と市政」に代表されるように，とりわけ系統主義とのせめぎあいが激しかった 1950 年代には問題解決学習による歴史学習が提起され，今日『社会科教育事典』にも取り上げられている[7]。

　翻って，今日の 2017（平成 29）年版中学校学習指導要領を見てみると，社会科歴史的分野については，「(1)目標」において「課題を追究したり解決したりする活動を通して」[8] と示されており，はっきりと「問題解決的な学習」は位置付けられていることが見て取れる。

　さらに，これについては以下のように解説されている。

　　　歴史的分野の学習において主体的・対話的で深い学びを実現するために，分野の学習において課題（問い）を設定し，その課題（問い）の追究のための核組みとなるような視点に着目させ，課題を追究したり解決したりする活動が展開されるように学習を設計することが不可欠であることを意味している。（下線筆者）[9]

　ここでは，前述した“課題”に（　）付きで“問い”と併記されている点には着目したい。まずは，「課題（問い）」の設定を行う主体は誰なのか，さらにこう記した意味や意義を付記すべきと考えるが，その記載がない点は課題として指摘しておきたい。しかし，いずれにしても中学校社会科の歴史的分野においても，「問題解決的な学習」が「不可欠」であることが明示されていることは確認できる。

　また，目標の(2)の解説には，そうした「課題（問い）」の具体的事例として，以下のように示されている。

　　　例えば，「いつ（どこで，誰によって）おこったか」，「前の時代とどのように変わったか」，「どのような時代だったのか」，「どのような影響を及ぼしたのか」，「なぜ，おこった（何のために行われた）か」，「なぜそのような判断をしたと考えられるか」，「歴史を振り返り，よりよい未来の創造のた

めに，どのようなことが必要とされるのか」など（以下略——筆者）[10]

　示された「問い」の事例を見れば，「いつ（どこで，誰によって）おこったか」は「①基本的な事実関係の確認」，「前の時代とどのように変わったか」は「②前時代との比較」，「どのような時代だったのか」は「③時代の特色」，「どのような影響を及ぼしたのか」は「④事象の影響」，「なぜ，おこった（何のために行われた）か」は「⑤事象の因果関係」，「なぜそのような判断をしたと考えられるか」は「⑥当時の判断」，「歴史を振り返り，よりよい未来の創造のために，どのようなことが必要とされるのか」は「⑦未来の創造の要件」と整理することができる。

　実際に学習指導要領の歴史的分野の「(2)内容」部分の各項目において示されている「課題（問い）」の事例を，上記の「問い」の類型で分析してみたい。全部で15件で，その内訳は，大項目「A 歴史との対話」は0件，「B 近世までの日本とアジア」では10件（「(3)近世の日本」での最初の事例は，一文節に二つの問いがあるので2件とする），「C 近現代の日本と世界」は5件である。前述した「課題（問い）」の類型でみると，「①基本的な事実関係の確認」は0件，「②前時代との比較」は4件（26.7%），「③時代の特色」は0件，「④事象の影響」（例えば，「B 近世までの日本とアジア(2)中世の日本」での「明や朝鮮との交流は日本にどのような影響を及ぼしたのだろうか」）は2件（13.3%），「⑤事象の因果関係」（例えば，「C 近現代の日本と世界(1)近代の日本と世界」での「なぜ，第一次世界大戦の反省は生かされなかったのだろうか」）は6件（40.0%），「⑥当時の判断」は1件（6.7%），「⑦未来の創造の要件」は0件，「その他」が2件（13.3%）である。最も多く示された事例は「⑤事象の因果関係」で4割を占める。一方で，事例として示されていないものは「①基本的な事実関係の確認」「③時代の特色」「⑦未来の創造の要件」の3つあることが分かる。

　いずれにしても，基本的に指導要領で想定されている「課題（問い）」は，やはり社会的課題あるいは歴史学という研究分野の抱える課題ではなく，生徒たち主体の歴史学習が展開される前提での「問い」であることは確認しておきたい。

3　理想とすべき社会科の「問題解決的な学習」

　ここでは，2017（平成29）年に秋田大学教育文化学部附属中学校３年生に実施した「花岡事件とその後の裁判」を提示したい。秋田大学教育文化学部社会科教育研究室では，２年次に「社会科巡見」を実施し，それに基づいて３年次に「社会科授業づくり演習」として，実際に附属学校園や公立校で授業を実施している。特に，花岡事件[11] については，2003（平成15）年度と2010（平成22）年度の２回「社会科巡見」を行っている。そして，最初の「社会科巡見」に基づき，2005（平成17）年３月には，実際にこの花岡事件を題材に授業化し，秋田大学教育文化学部附属中学校の２年生を対象に授業を実践している。この授業は，2005（平成17）年が戦後60年を迎えた年にも当たっていたため，ABS秋田放送や秋田魁新報等，地元メディアにも大きく取り上げられた。さらに，反響が大きかったため，附属中学校以外にも田沢湖町立（現仙北市立）神代中学校等でも，内容を修正し実践している[12]。そして，その後ほぼ10年の時を経て，2017（平成29）年７月に再びこの花岡事件を取り上げ，授業を実施した。

　さて，前述した「問題解決的な学習」において必要とされる４つの資質・能力の内，特に「①『問題』設定力」と「②『解決』力」を取り上げて，本授業の特色を述べていきたい。

　まず，「①『問題』設定力」について，花岡事件は，生徒達にとって地元秋田で起きた事件にもかかわらず基本的には全く未知の事件であり，本授業を通じて初めて知る歴史的事象である。したがって，１時間目において，まず「花岡事件とは何か」を中心的学習内容としている。そうした意味では，「問い」ではなく，社会的・歴史的「課題」として学習課題を設定している。

　次の「②『解決』力」については，本授業の最も特色ある点である。本授業では，生徒達の学習課題の解決とともに，花岡事件の「解決（和解）」とは何かを２時間目の中心的課題に設定した。すなわち，中国人側の要求と日本人側の対応を実際の裁判での資料を用いて読み解き，比較することによって真の「解決（和解）」とは何かを探究したのである。「課題（問い）」の設定を受けて，花岡事件の「解決（和解）」そのものを主眼として設定したところに特色がある。

資料1　秋田大学教育文化学部附属中学校における指導案

1　単元名
　　花岡事件とその後の裁判
2　本時の実際
　　〈1時間目〉
・本時のねらい：花岡事件について事件の経緯や背景を学ぶ。（知識・理解）

時間	学習活動	教師の支援	資料・評価
導入 10分	○「この世界のかたすみに」,「火垂るの墓」,「永遠の0」等の戦争をテーマにしている映画について触れる。 ○身近な秋田県の戦争中の出来事の事例の1つとして花岡事件を学ぶ。 本時のめあての確認	・生徒が住んでいる秋田県での, 戦時中の出来事である花岡事件に触れていくために, 原爆や東京大空襲を題材とした3つの映画のポスターを提示する。 ・次の展開の活動をスムーズに進めるために, 花岡事件の概要を説明する。	・ワークシート ・パワーポイントで映画の写真を提示
	花岡事件について知ろう！		
展開 20分	①　花岡事件の映像を見て, 映像から分かったことを発表する。 〈予想される生徒の答え〉 ・「うさぎ狩り」として, 根こそぎ連れてこられた。 ・鉱山での労働, 花岡川での改修工事。 ・冬でも半袖で生活していた。 ・合計で419人の中国人が死亡した。	・具体的に考えることができるように事前に見るポイントを提示する。 〈見るポイント〉 ・中国人が連れてこられた過程 ・中国人が何をさせられたか ・中国人の労働下での生活の実態 ・その他	・10分間の花岡事件の映像（編集ABS）
15分	②　花岡事件の詳しいことについて年表を中心に学習する。	・映像を見るときに設けた項目に沿って, スライドを使い, 説明をする。	・事件の経緯をまとめた年表 ・鉱山町花岡の写真 ・死亡率の表 ・スライド
まとめ 5分	○花岡事件について学んでどう思うか考え, ワークシートに書く。	・感情的な感想でもここではよい。 ・2時間目の予告として, 裁判について少し触れる。	花岡事件とはどんな事件か理解できたか〔知識・技能〕

〈2時間目〉
・本時のねらい：裁判をもとにして，花岡事件が和解に至ったかを考え，自分の言葉で表現する。（思考・判断・表現）

時間	学習活動	教師の支援	資料・評価
導入 5分	○１時間目の授業のふり返りを行い，戦後に裁判が行われたことに注目する。 本時のめあての確認	・花岡事件のその後を生徒に意識できるような発問をする。	・ワークシート ・前時の資料
	裁判から花岡事件の和解（解決）について考えよう		
展開 10分	①　公開書簡や共同発表の資料の読み取りを行い，花岡訴訟までの耿諄さんたちと鹿島建設のそれぞれの３つの要求の相違点について考える。	・公開書簡の資料の読み取りから耿諄さんたちの３つの要求について見つけられるよう，１つずつ読みながら進める。 ・共同発表の資料の読み取りをする際は，公開書簡での耿諄さんたちの３つの要求と比べてどこが同じでどこが違うか見比べられるよう助言する。 ・公開書簡，共同発表で見てきた３つの要求に沿って，和解勧告を出さなければならなかった理由を具体的に考えられるよう支援する。	・公開書簡 ・共同発表
20分	②　花岡訴訟が解決しなかったため，裁判所が和解勧告を出したことについて学習する。	・資料をもとに公開書簡から始まった耿諄さんたちと鹿島建設のやり取りを時系列的に説明する。 ・和解の条件を理解しやすいよう模造紙を使い構造化する。	・東京高等裁判所の和解条項 ・花岡和解に関するコメント（鹿島建設）
	③　花岡訴訟の流れを資料から読み取り，耿諄さんたちの和解条項の内容をまとめる。 　（グループ）→（全体）	・資料から根拠に基づいて考えるように指導する。 ・花岡の人が事件を伝えるために行ってきた取り組みに触れさせ，平和についての考えを深めることができるようにする。	・花岡平和記念館，慰霊祭，遺骨送還運動の様子の写真 ・大館の人の活動をまとめたスライド
まとめ 15分	○現在に至るまでに花岡や大館の人たちがどのような活動をしてきたかをふまえ，道義的和解の難しさと様々な取り組みの意義について考える。その後授業全体のまとめをワークシートに書く。		花岡事件の裁判から和解とは何かを理解することができたか〔思考・判断・表現〕

4　結語―「問題解決的な学習」と「歴史的思考力」の育成―

　「公民的資質」や「問題解決的な学習」等，社会科の極めて本質的な部分に関わる概念については，基本的に学習指導要領において提言されてきたにもかかわらず，存外その具体的定義や内容については明示されてこなかった。同様に，歴史教育における「歴史的思考力」についても，各先行研究や実践の段階では論じられても，当初の提言元である学習指導要領においては明示されてこなかった。敢えて言うなら，ようやく2017（平成29）年版学習指導要領において，「歴史的な見方・考え方」として提示されたと言える。そこでは，「時期，年代などの時系列に関わる視点，展開，変化，継続など諸事象の推移に関わる視点，類似，差異，特色など諸事象の比較に関わる視点，背景，原因，結果，影響など事象相互のつながりに関わる視点など」[13] として４つの視点が提示されている。すなわち，「ア時系列的視点」「イ推移の視点」「ウ比較の視点」「エつながりの視点」である。この４つの視点における事象への思考力が，いわば現行指導要領として示された「歴史的思考力」と言える。しかし，筆者はこれまでの「歴史的思考力」に関わる先行研究を鑑みて，これに「探究的思考」と「想起的思考」を加えたい。すなわち，「探究的思考」とは様々な論拠，史資料，さらには追体験を基に歴史的事実を究明する思考である。また，「想起的思考」とはそうして究明された事実や共感を論拠として人物像や空間認識も含む歴史的状況，さらには時代像等の歴史的想起，歴史像[14] の想起をする思考である。「歴史的思考」は，こうした「探究的思考」と「想起的思考」が欠くことのできない思考活動であり，学習者にも求められる資質・能力である。

　さて，ではこうした中学校歴史的分野で期待される「歴史的思考力」と「問題解決的な学習」はどう関連するのであろうか。端的に結論から言えば，前述した「問題解決的な学習」の４つの資質・能力との関連を鑑み，それぞれ「①問題の設定」から「④省察」の学習過程でこうした６つの資質・能力を活用しながら展開することが，「歴史的思考力」を働かせた「問題解決的な学習」の学習展開となろう。すなわち，逆にある特定の「問題解決的な学習」場面で，ある特定の「歴史的思考力」が働くという限定的なものではなく，「問題解決的な学習」の全場面で，「歴史的思考力」を駆使する機会があるということで

ある。そう考えると，「問題解決的な学習」と歴史学習は決して馴染まないものではなく，むしろ親和性が高い学習上の関係にあると言える。

1　文部科学省初等中等教育局教育課程課教育課程企画室編「OECD Education 2030 プロジェクトについて」（2018 年）https://www.oecd.org/education/2030/OECD-Education-2030-Position-Paper_Japanese.pdf（2023 年 4 月 12 日閲覧）
2　上田薫「刊行のことば」，社会科の初志をつらぬく会『問題解決学習の継承と革新』（21 世紀社会科教育への提言　1）明治図書出版，1997 年
3　同上，p.43
4　ここではあえて高山次嘉「問題解決学習」，大森照夫他 5 名編『社会科教育指導用語事典』教育出版，1993 年，pp.206-207 を参照。
5　谷川彰英『問題解決学習の理論と方法』明治図書出版，1993 年，pp.85-86 参照。
6　文部科学省「中学校キャリア教育の手引き」2011 年，p.23 参照。
7　小原友行「吉田定俊『水害と市政』」，日本社会科教育学会編『新版　社会科教育事典』ぎょうせい，2012 年，p.302 参照。
8　文部科学省「中学校学習指導要領（平成 29 年告示）解説　社会編」2018 年，p.83
9　同上。
10　同上，p.85
11　花岡事件については，花岡の地日中不再戦友好碑をまもる会編『学び・調べ・考えよう　フィールドワーク花岡事件』平和文化，2011 年，p.1 に以下のように説明されている。
　　　アジア・太平洋戦争時，東北の一隅，秋田県花岡町（現大館市）の花岡鉱山に，日本の戦争加害を明確に示す，朝鮮人・中国人の強制連行・労働の事実がありました。
　　　日本校内の 135 事業場に 3 万 8935 人の中国人が強制連行され，6830 人が死亡したと報告されています。（「外務省報告書」）
　　　花岡鉱山の下請け・鹿島組には 986 人の中国人が強制連行され，劣悪な状況のもとで苛酷な労働を強いられ，1945 年 6 月 30 日の一斉蜂起をふくむ 1 年 8 カ月の間に 419 人の死亡者を出しました。この 42.5% という驚くべき死亡率の高さを示した一連の事実こそ，花岡事件とよばれているものです。
12　その内容は，附属中学校の実践の場合は，拙稿「花岡事件を事例とした歴史教育実践の構築―加害的側面を受け止めた地域の平和希求活動を重視して―」，花岡事件 60 周年記念誌編纂委員会編『花岡事件 60 周年記念誌』花岡の地日中不再戦友好碑をまもる会，2005 年，pp.250-269，神代中学校の場合は外池智・井門正美他「自省的歴史認識に基づく花岡事件の授業―地域の平和希求活動を重視した歴史教育実践の構築―」，日本社会科教育学会編『社会科授業力の開発　中学校・高等学校編』明治図書出版，2008 年，pp.142-158 を参照されたい。
13　前掲書 8，p.83
14　酒井忠雄『歴史教育の理論と方法―歴史と教育の間・序説―』黎明書房，1961 年参照。

外部人材と子どもの協働的な関係構築を目指す
熟議学習の展開
──地域社会の課題を取り扱った単元を事例として──

愛媛大学准教授
井上　昌善

1　社会科の「問題解決的な学習」とは何か

⑴　育てたい子どもの姿

　筆者が考える「問題解決的な学習」を通して育てたい子どもの姿は，他者と協働的な関係を構築して，実社会の問題（課題）解決の在り方を探究する主権者である。このように考える理由として，次の二点を挙げる。第一に，現代の社会では解決困難な問題が生じており，より望ましい解決策を検討するためには，他者と協働することが必要不可欠となるからである。他者との協働的な関係を構築する機会は，日常生活では十分に保障されているとは言い難い現状がある。そのような機会を学校教育だからこそ保障し，意図的計画的に実践することができる。第二に，他者と協働するからこそ，子どもは問題解決の担い手であるという自覚を持つことができ，これによって主権者意識の形成につながるからである。

　従来までの学校教育は，社会に出てから活用できる知識や技能の習得を重視する「準備教育」としての授業が展開されてきたのではないか。このような従来型の授業では，学習の成果を活かすという場面が十分に設定されておらず学んだことの意味を見出すことが困難となっていたと言えよう[1]。つまり，主権者としての資質・能力の育成は形式的なものにとどまっていたと考えられる。これからの学校教育には，問題解決に関する営みに直接的に関わり，関係者とともに協働する機会を設定することで，実質的な主権者育成を目指す「実践教育」が要請される。換言すれば，これからの教師には，主権者として必要な資

質・能力の実質的な育成を目指す「実践教育」としての授業をカリキュラムに位置付けて，意図的計画的に開発・実践する力が求められる。

(2)　社会科における「問題解決的な学習」の役割

　社会科は，他教科と比べて実社会で生じている問題や課題を直接的に取り扱うことができる教科である。従来までの社会科教育で取り扱われている問題の性質に着目すると，①子どもの生活上に生じる具体的な問題と②子どもが生活している地域社会や日本社会に存在している社会的な問題（矛盾）という主に二つの立場がある[2]。今日においては，特に②に挙げられている地域社会の問題を取り扱った授業の在り方について活発な議論が展開されている[3]。地域社会の問題や課題について理解を深めその解決方法を考えることによって，自己と社会とのつながりを実感できる授業づくりがこれまで以上に重要視されているのである。では，学習内容である地域社会の問題をどのように捉え，教材化を行えばよいのだろうか。これに関して，唐木清志は，目標と現状の間に生じたギャップが問題であり，そのギャップを埋めるためにやるべきことが課題であると説明している[4]。この唐木の主張から社会科における「問題解決的な学習」では，既存の問題解決を目指す取組である課題を対象化し，より望ましいものへと改善したり変革したりするための選択・判断＝意思決定を取り入れた学習活動が重要になることがわかる。つまり，「社会の変化への対応」という視点だけではなく，自分たちが「社会をつくる」という視点が重視されるのである[5]。「社会をつくる」ためには，教室内の仲間だけではなく学校外の多様な立場の人たち，特に社会問題に携わっている外部人材との協働的な議論が必要となる。このことをふまえると，社会科における「問題解決的な学習」の役割は，外部人材との協働的な関係を構築することによって問題解決の在り方を探究する主権者の育成にあると考えることができる。

2　社会科の「問題解決的な学習」の現状と課題

(1)　「構想型」の授業の落とし穴

　筆者は，研修会や研究大会で地方自治をテーマにした授業を参観する機会を

いただいた。ある授業では，地域で行われているまちづくりに関する取組の意義を学び，よりよいまちづくりを進めるために自分たちはどのようにまちづくりに関わればよいかを選択・判断することによって，よりよい地方自治のあり方の探究を目指していた。この授業は，より望ましい問題解決の取組について子どもの選択・判断を重視する「構想型」の授業として捉えることができる。「構想型」の授業は，子どもに社会とのつながりを実感させ，社会参加を促すことができる点に教育的意義があると言える。しかしながら，次のような落とし穴があることに留意する必要がある。第一に，問題解決の営みへの関与方法についての理解が不十分となる点である。地域のまちづくりをめぐる問題は子どもも社会の創り手として関与可能な開かれたテーマである。よって，中学生であっても主権者として関与するための方法や仕組みがあると考えられる。このような方法や仕組みを具体的な事例に基づいて理解させることで，自己を問題解決の営みに関与できる存在として認識させ，主権者意識を形成する指導が必要となろう。第二に，学習に対する社会的な意味を見出すことが困難となる点である。「構想型」の授業は，あくまで教室内の仲間同士の意見の共有にとどまることが多い。これでは考えたことが実社会の問題解決にどの程度貢献するのかという点について確認することは難しくなる。自分たちが考え，判断したことが実社会にどのような結果や影響を及ぼしたのかを検討する機会を保障することが学習に対する社会的な意味づけの促進につながるのではないか[6]。

(2) 協働的な関係構築のための市民的批評空間の創出

　前述のような課題の克服のためには，特に学習成果の社会的意味づけを促す指導の充実が求められよう。つまり，フレッド・M・ニューマンの「学校の外での価値」[7]という視点をふまえた授業づくりを推進することが重要になる。そのための有効な方法として考えられるのが，地域社会との連携を通した外部人材の活用である。

　地域社会との連携を推進するうえで重要になるのは，外部人材と子どもの協働的な関係構築につながる手立てを検討することである。これに関して，小玉重夫は，子どもの市民性育成のためには専門家である外部人材と子どもの市民的批評空間を創出することが重要であると主張している[8]。

　小玉に拠れば右の図1のよう
な市民的批評空間を創出するた
めには，学校の教師による外部
人材と子どもの関わり方が重要
となる[9]。教師が，遂行するべ
きこととして求められているこ
とを一時的に中断し，一人の市
民として外部人材や子どもと関
わることによって，外部人材の
権威性を相対化させ，双方向の

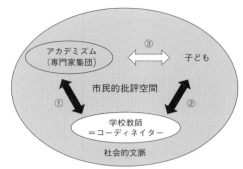

アカデミズム
（専門家集団）

③

子ども

市民的批評空間

①

②

学校教師
＝コーディネイター

社会的文脈

図1　市民的批評空間創出のための教師の関わり
（参考文献に基づき筆者作成）

コミュニケーションに基づく議論（図中③⇔）を可能にする学習空間を創出す
ることができるのである。ここで想定している外部人材と子どもの議論は，熟
議である。熟議は，自己と他者の相互承認を促し，社会の問題解決の担い手と
しての主権者という共通するアイデンティティを有していることに気付かせる
ことで，他者や社会との関係を見出すことができるコミュニケーションであ
る[10]。外部人材と子どもの熟議学習を展開することによって，解決困難な問題
の解決を目指すうえで必要となる協働的な関係の構築につながり，実質的な主
権者育成を実現することができるのである。

(3)　外部人材と子どもの熟議を促す教師の働きかけ

　外部人材と子どもの熟議を促すための具体的な教師の働きかけとして，外部
人材への関わり（図1中①の◆）と子どもへの関わり（図1中②の◆）の二つの
アプローチが考えられる[11]。外部人材への関わりについて，科学の最先端でも
解明されていない，あるいは専門家でも意見が分かれているような分野や領域
に関する取組を教材化すること，子どもの意見も市民の意見であり解決困難な
社会問題や課題について考える手がかりとなることを共有することを通して，
外部人材が子どもとのコミュニケーションに意味を見出すことを可能にする働
きかけが重要となる。子どもへの関わりについて，子どもが持つ主権者として
の可能性を最大限に引き出すために，今回考える地域社会の問題は専門家であ
っても解決が困難なものであること，他者と協働して解決方法を提案するため

には既存の解決方法を批判的に検討する議論の重要性を認識させることが有効である。

このような教師の働きかけによって，外部人材と子どもが熟議を実践できる学習空間を創出できるのである。

3　理想とすべき社会科の「問題解決的な学習」

(1)　熟議学習の成立条件

これまで述べてきたことをふまえ，本稿において理想とする社会科の「問題解決的な学習」である熟議学習の成立条件を目標，内容，方法の観点から整理すると以下のようになる。

【目標】外部人材との協働的な関係構築を通して問題解決の在り方を探究する力の育成。

【内容】地域社会の問題解決を目指す取組。

【方法】問題解決に携わる外部人材との熟議。

目標に関して，本稿では子どもは主権者としての資質・能力を有しており，社会に影響を与え得る存在である[12]という子ども観を重視する。子どもの意見は問題解決につながるものとして取り扱い，そのことを子ども自身に気付かせることによって，問題解決の在り方について探究する力の育成を目指す。

内容に関して，地域社会の問題解決を目指す取組として公共政策を取り扱う。公共政策は評価・改善を通してアップデートされるものであり，そのためには，利害関係者が有する「現場知」や一般市民が持つ「常識知」に基づいて政策形成に関わる専門家が持つ「理論知」を是正・補完する開かれた議論が必要となる[13]。つまり，子どもが公共政策について専門家や関係者と議論を行うことは，実社会の課題に関する取組のアップデートにつながり，大人と子どもが議論することの意義を相互に見出すことができるのである。公共政策の中でも特に，外部人材がその運用や実施にあたって問題として感じていることや想定していないこと，子どもの生活圏内で実施されていることなどの視点に基づいて教材化を進め，学習内容を精選することが重要である。

方法に関して，問題解決に携わる外部人材との熟議を実践することである。

ここで留意すべき点は，先述した教師の働きかけが必要になることに加えて，子どもが学習成果の社会的意味を見出せるように指導することである。そのためには，学習成果が社会問題の解決につながったのかという点について，外部人材からのフィードバックに基づき検討する場面を設けることが有効であると考えられる。

(2)　開発した単元モデルの概要と展開

　以下の表1は，公民的分野の単元「防災倉庫の活用方法について考えよう！」の概要である[14]。なお，本単元は，地方自治についての学習に位置付けて実践

表1　単元「防災倉庫の活用方法について考えよう！」

学習活動	指導上の留意点
1　自分たちが生活をしている自治体の災害に強いまちづくりを目指す取組の意義を考察する。	・災害に強いまちづくりを目指して行われている地域の防災対策について，財政や自主防災組織との関係が読み取れる資料の活用を通して理解させる。
2　防災対策をめぐる課題を把握する。	・防災対策に携わる外部人材の問題意識を共有したり，防災対策の実用性や持続可能性の観点から批判的に検討したりすることで，災害時の防災倉庫の活用方法が課題となることに気付かせる。その際に，この課題を解決することは「共助」に関する取組であり，中学生も主権者として関与できることに気付かせる。
3　課題解決の方法として防災倉庫に設置するパネル案を考え，外部人材と熟議する。	・中学生や外部人材が，それぞれ作成したパネル案を共有し，熟議を行う。その際に，パネル案を比較して共通点や相違点を明らかにしたうえで，実用性や多様性などの観点から考察させる。
4　フィードバックをふまえて，学習成果の社会的影響について確認する。	・外部人材などからのフィードバックをふまえ，防災倉庫のパネルについて考えたことの地域社会への影響を確認させ，学習の社会的意味付けを促す。

することを想定している。

　学習活動「1」の段階では，身近な地域の災害に強いまちづくりを目指して行われている防災対策の意義について，地方自治の制度や仕組みとの関連に着

目して考察する。具体的には，自治体の財政状況についてどのくらいの予算が防災対策に配分されているのかを確認したり，自主防災組織への活動を支援する制度について捉えたりすることで，市民の声を反映して災害に強いまちづくりが進められていることに気付かせる。

学習活動「2」の段階では，防災対策の課題を把握する。具体的には，学校や地域の防災倉庫に注目させ，防災倉庫は災害時に有効に活用することができるのか，そのための「備え」は十分にできているのかと問うことで，防災倉庫の活用方法に関して課題があることを捉えさせる。その際に，外部人材の問題意識として，防災倉庫を有効に活用するための「備え」が十分に行われているとは言い難いこと，そのような「備え」に関する取組は，「共助」に関する取組であり，これについては一部の大人だけではなく多様な世代や立場の人たちが知恵を出し合って考えることが災害に強いまちづくりの実現につながることに気付かせる。これによって，防災倉庫の活用方法を考えることは，中学生である自分たちも関与できることであり，本単元の学習は地域社会の防災対策をより望ましいものにすることを目指す実践であることを理解させることができる。

学習活動「3」の段階では，外部人材との熟議を通して問題解決の方法である防災倉庫を有効に活用するためのパネル案を考える。具体的には，地域社会の人口の推移や少子化，グローバル化による影響に着目して地域社会の変化について考察した結果をふまえ，実用性や持続可能性，多様性などの観点からパネル案を批判的に吟味し再構成を行う。ここで特に重視したいのは，パネルに記入する内容を子どもと外部人材がそれぞれの立場で事前に考えたうえで，それに基づく熟議を行うことである。これによって，共通点だけではなく相違点も確認することができる。このように自己の意見との違いを共有するからこそ，他者理解を深め，自己の考えを振り返ることを通して意見の再構成を行うことができるのである。

学習活動「4」の段階では，今回の学習に携わってくれた外部人材からのフィードバックをふまえて，自分たちが考えたことの社会的影響について確認する。これによって，本単元の学習と地域社会の問題解決の取組とのつながりを実感させることができ，学習の社会的な意味付けの促進につながる。なお，学

習を更に充実させるためには，学校のHPの活用，新聞社などの報道機関への情報提供を通して，外部機関などからフィードバックをしてもらえるように工夫することが有効であると考える。また，問題解決の在り方の探究を促すために，今回の学習成果をふまえて他の防災倉庫の活用方法について考えさせる場面を設定することで，新たに生じる課題に気付かせたい。

4　地域社会との連携に基づく「問題解決的な学習」の可能性

　中学校社会科公民的分野の学びは，義務教育段階における社会科の集大成である。だからこそ，主権者としての資質・能力の実質的な育成を目指す「問題解決的な学習」を推進することが求められるのである。本稿では，「問題解決的な学習」を外部人材との協働的な関係構築を目指す熟議学習と捉え，具体的な単元モデルに基づく提案を試みた。外部人材との熟議を義務教育段階までに経験させることは，子どもが公的な問題について他者と協働して考えることに意味を見出すことにつながる点で教育的意義がある。

　今日の学校教育には，「社会に開かれた教育課程」という理念の具現化のために，地域社会との連携を通した授業づくりの推進が求められている。よって，これからの教師は，知識を教授するという役割だけではなく地域社会と学校の連携を推進する役割を担うことが必要となる。このような教師の役割の多様化を「教師の魅力の再発見」や「学校の可能性の拡大」と捉えるためにはどうすればよいのだろうか。筆者は，今回提案したような地域社会との連携に基づく「問題解決的な学習」の授業づくりの更なる推進が有効な方法であると考える。なぜならば，教師は，授業づくりを通して学ぶことで常に成長し続けることができる存在だからである。学校外の関係者とのコミュニケーションを通して学びや気付きを得ることによって，教師自身が自己の知的な成長や人間関係の構築の面白さを実感することができる。

　また，図2の学校と地域社会の関係を検討することで，学校の可能性について考えてみたい。従来までは図2中（左）のように地域社会で行われていることを外部人材が子どもに教えるという「地域社会→学校」という単一的な関係

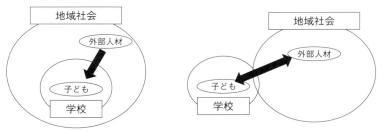

図2 これまで（左）とこれから（右）の学校と地域社会の関係（筆者作成）

となっていた。今後は図2中（右）のように「地域社会⬌学校」という双方向的な関係を前提とした主権者教育の展開が重要となる。そのためには「学校だからこそできること・学校でしかできないこと」[15] を実践し，学校が秘めたポテンシャルを最大限発揮することで，地域社会に還元するという発想が必要となろう。

　地域社会との連携に基づく社会科授業づくりの推進は，従来までの社会科授業の改善や変革だけではなく，教師の役割の在り方や学校と地域社会との関係の転換につながるのである。

〔引用文献〕

[1] 我が国の若者の「学校で勉強をする意味として重視してきたもの」に対する回答は，「特にない」が 12.7% となっており，他国と比べて割合が高いことが報告されている。日本財団 18 歳意識調査「第 46 回―国や社会に対する意識（6 カ国調査）―」2022 年 3 月，https://www.nippon-foundation.or.jp/what/projects/eighteen_survey （2023 年 4 月 12 日付確認）

[2] 渡邉巧「問題解決」，棚橋健治・木村博一編著『社会科重要用語事典』明治図書出版，2022 年，pp.28-29

[3] 例えば，第 72 回日本社会科教育学会シンポジウムでは，テーマ「地域の課題に向き合う子どもと社会科教育」に基づき，地域社会の課題を取り扱った単元モデルが提案された。日本社会科教育学会『全国大会発表論文集』第 18 号（第 72 回全国研究大会），2022 年，pp.153-154

[4] 唐木清志「『社会に見られる課題』を教材化することがなぜ求められているのか」，『教育科学社会科教育』710，2018 年，pp.96-97

[5] 「社会をつくる」視点を重視した社会科授業については，次の著書を参照されたい。

長瀬拓也『社会科でまちを育てる』東洋館出版社，2021 年

6　この点については，次の論文を参照されたい。桑原敏典「主権者育成の視点から見た中等公民教育の課題と改革への展望」，社会系教科教育学会『社会系教科教育学研究』第 30 号，2018 年，p.54

7　フレッド・M・ニューマン著，渡部竜也・堀田諭訳『真正の学び／学力─質の高い知をめぐる学校再建─』春風社，2017 年，pp.38-39

8　小玉重夫『学力幻想』ちくま新書，2013 年，pp.168-169

9　同上書，p.169

10　熟議の教育的意義については，次の拙稿を参照されたい。井上昌善「外部人材と子どもの熟議を促す社会科授業構成の原理と方法─地理的分野『地域に届けるハザードマップ』の開発と実践を通して─」，全国社会科教育学会『社会科研究』第 95 号，2021 年，p.4

11　今回の教師の働きかけについては，次の拙稿に基づき検討した。井上昌善「外部人材の活用を通して社会的有用感の育成を目指す社会科授業構成─中学校社会科単元における外部人材に対する教師の働きかけに着目して─」，日本社会科教育学会『社会科教育研究』144 号，2021 年，pp.12-26

12　この点については，次の研究成果を参考にした。A・オスラー，H・スターキー著，清田夏代，関芽訳『シティズンシップと教育─変容する世界と市民性─』勁草書房，2009 年

13　秋吉貴雄は，「理論知」だけではく「現場知」や「常識知」の重要性について言及している。秋吉貴雄『入門　公共政策学─社会問題を解決する新しい知─』中公新書，2017 年，pp.192-193

14　今回は，次の単元モデルを修正したものである。井上昌善「最新情報で考える！価値ある学習課題と分野に応じた授業デザイン　公民　公正な判断の促進と社会とのつながりの実感」，『教育科学社会科教育』755，2022 年，pp.32-35

15　この点については，次の論稿を参照されたい。堀田諭「カリキュラム・マネジメントとカリキュラムづくり」，荒井正剛編著『中等教育社会科教師の専門性育成』学文社，2022 年，pp.144-149

地理的な見方・考え方に基づいた問題解決力の育成をめざして

筑波大学准教授
金　玹辰

1　社会科の「問題解決的な学習」とは何か

　社会科では「問題解決学習」に関連する数多くの実践があり，理論的考察も行われてきた。その一方で，近年「問題解決的な学習」という用語を用いた実践もしばしば目にするが，これに関する理論的考察はあまり論じられていない。その理由として，前者は社会科の用語として定められているが（藤井 2012），後者は学習指導要領の用語としてその理論的根拠が曖昧であることが指摘できる。学習指導要領には，他にも「探究的な学習」，「課題解決的な学習」などの用語も用いられている。例えば，平成 29・30 年度改訂学習指導要領の社会科の目標では「課題を追究したり解決したりする活動」という表現で「課題解決的な学習」が説明されている。

　「問題」は児童生徒の実生活で直面するものを指し，「課題」は社会的事象から見いだしたものを意味する場合もある。しかし，「問題解決的な学習」や「課題解決的な学習」では，その明確な区分を求める必要はない。重要なことは，問題と課題のどちらも児童生徒が学びの中で乗り越えなければならない「障害」であり，その解決を自ら切実性をもって求めるものでなければならないことである。この点を踏まえ，本節では以下「問題」解決的な学習を用いるが，「課題」解決的な学習としての意味も含むものである。

　まず「問題解決的な学習」を通して「最も身に付けさせたい力」とは何かについて述べる。結論から言うと，答えは「問題解決力」である。本節では，児童生徒が社会から見いだした問題に対して，自らその解決策を探し，それに基

づいて問題解決を行う力である「問題を見いだす力」「解決策を探す力」「問題解決を行う力」の３つの力で構成されるものを「問題解決力」とする。本節で言及する高等学校地理においては，「社会的事象の地理的な見方・考え方（以下，地理的な見方・考え方）」に基づいた問題解決力を養うことが重要である。まず，地理的な見方・考え方に基づいた「問題を見いだす力」とは，社会的事象に内在している問題を発見し，それに対して「地理的問い」を設けることである。次に，地理的な見方・考え方に基づいた「解決策を探す力」とは，問題の解決策としての位置・分布，場所，人間と自然環境の相互依存関係，空間的相互作用，地域などの地理的概念を用いて思考・判断できることである。そして，地理的な見方・考え方に基づいた「問題解決を行う力」とは，問題としての地理的問いと解決策に用いた地理的概念を踏まえ，実際に問題を解決していくプロセスをとることである。

　次に，社会科における「問題解決的な学習」の役割として，児童生徒が「問題解決的な学習」を通して「真の」社会を学ぶことが指摘できる（金 2013，23）。社会を学ぶこととは，①社会について学ぶ，②社会を通して学ぶ，③社会のために学ぶ，ことである。より詳しく言うと，①社会について学ぶことは，社会を「知る」・「わかる」ことである。そして，②社会を通して学ぶことは，社会で「生きる」こと，③社会のために学ぶことは社会を「つくる」こと，につながる。児童生徒がただ社会を「知る」「わかる」ことにとどまらず，社会で「生きる」こと，社会を「つくる」ことも視野に入れた社会科を実現するために「問題解決的な学習」は役に立つ。

2　社会科の「問題解決的な学習」の現状と課題

　現行学習指導要領で強調されている事項の一つとして「主体的・対話的で深い学び」の実現がある。「問題解決的な学習」と関連して，主体的な学びでは，児童生徒自らが問題を見いだし，その解決策を予想しながら学習を進める必要がある。また，対話的な学びとは，文字通り学習過程において対話を重視することであるが，単にグループ活動を通じた児童生徒同士の対話だけを意味するものではない。単純な話しあい活動に終わらず，教室外の多様な人々と対話を

通じて問題を解決するようにしなければならない。そして，深い学びの鍵となるのは教科固有の「見方・考え方」であり，これを活用して学習問題として問いの設定，さまざまな資料を基にした多面的・多角的な考察，幅広い視野での現実的な問題解決の構想（選択・判断），論理的な説明，合意形成と社会参加を念頭に置いた議論などがなされなければならない（文部科学省 2018, 14-15）。

　今回，高等学校地理では必履修科目「地理総合」に加え，選択科目として「地理探究」が設置された。両科目においては，地理的な見方・考え方を働かせ，それを鍛えるために「主題」及び「問い」を中心に構成する学習展開を重視している。表1と表2のように，学習指導要領解説では内容の各中項目に主題・問いの参考事例を示している。これらの主題・問いはあくまで一例であり，各学校の実情に合わせて適切な主題とそれに対する問いを設定して学習活動を実施することが求められる（文部科学省 2018, 17）。特に「地理探究」の最後の中項目では，「現在の国土形成にはどのような課題があり，今後の国土形成の在り方はどうあるべきか」という問いがある。このように解答が決まっていない問題を対象に，試行錯誤を経た探究活動を通じて，生徒自ら日本が抱えている地理的問題の解決方向を批判的な思考力を発揮して議論する活動から，未来の国土像を追究するようにしている（文部科学省 2018, 20）。

　ここで，学習問題としての問いと地理的な見方・考え方としての地理的概念との関係に注目する必要がある。例えば，「地理総合」の大項目Bの中項目(1)では，「場所」や「人間と自然環境との相互依存関係」という概念に着目している。場所という概念は，「それがどのような場所なのか」と問いかけることで，他の場所との比較を通じて，その場所だけの特殊性と規模による一般的な共通性を明らかにするものである。そして，人間と自然環境との相互依存関係は，「そこでの生活は，周囲の自然環境からどのような影響を受けているか」「そこでの生活は，周囲の自然環境にどのような影響を与えているか」という問いに関する概念である（文部科学省 2018, 20）。表1のように，この中項目で設定された主題は「地理的環境を踏まえた生活文化の理解と尊重」であり，「世界各地で様々な食文化が育まれてきたのはなぜだろうか（場所）」「私たちの先人たちは，身の回りの環境とどのように接し，どのように守ってきたのだろうか（人間と自然環境との相互依存関係）」という問いを例に挙げている。また

「地理探究」の大項目 A の中項目(1)でも，「気候変動と生態系」という主題を
設定し，「温帯において熱帯性の海洋生物の繁殖やデング熱などの熱帯性の感
染症が報告されるようになったのはなぜなのだろうか（人間と自然環境との相互
依存関係)」という問いを設けている。

表 1　「地理総合」における「主題」と「問い」の例

中項目	主題	問いの例
A（1）地図や地理情報システムと現代世界	・国家間の結び付き－貿易相手国の変容とその要因 ・国内の結び付き－物流における輸送手段の選択	―日本の貿易相手国はどのように変化してきたのだろうか。変化した理由としてどのようなことが考えられるのだろうか。 ―貨物輸送の手段には，それぞれどのような特長があるのだろうか。どのような利用が行われているのだろうか。
B（1）生活文化の多様性と国際理解	・地理的環境を踏まえた生活文化の理解と尊重	―世界各地で様々な食文化が育まれてきたのはなぜだろうか。私たちの先人たちは，身の回りの環境とどのように接し，どのように守ってきたのだろうか。
B（2）地球的課題と国際協力	・食料問題とその解決の方向性	―世界の人々の食生活の変化により，世界の農業はどのように変化しているだろうか。世界各国の食料生産と食料消費にはどのような傾向性があるだろうか。世界には飽食を可能とする人々がいる一方で，なぜ飢餓や栄養不足に悩む人々がいるのだろうか。食料問題の解決のために各国あるいは国際的にはどのような取組がなされているのだろうか。食料問題を解決するために，各国あるいは国際的に，今後どのような取組をすべきなのだろうか。
C（1）自然環境と防災	・自然環境と水害の関わり	―世界各地で水害による被害が多いのはどうしてなのだろうか。なぜ日本は水害に見舞われる地域が多いのだろうか。自分たちのまちを水害から守るにはどうしたらよいのだろうか。私たちのまちは，自然災害に対してどのような備えが必要なのだろうか。
C（2）生活圏の調査と地域の展望	・空き家問題	―なぜ，空き家が多くなっているのだろうか。どうすれば，空き家問題が解決できるのだろうか。

出典：文部科学省 2018, pp.44-69 を基に筆者作成。

表2　「地理探究」における「主題」と「問い」の例

中項目	主題	問いの例
A(1)自然環境	・気候変動と生態系	—熱帯におけるサンゴ礁の白化がなぜ起きているのだろうか。温帯において熱帯性の海洋生物の繁殖やデング熱などの熱帯性の感染症が報告されるようになったのはなぜなのだろうか。
	・生態系と地形	—なぜ，日本では「白砂青松」が大切に守られてきたのだろうか。
	・地形と気候	—治水が進んだのに，なぜ風水害が起こるのだろうか。
A(2)資源，産業	・石油の生産と他のエネルギー資源の動向	—なぜ，石油の輸出に依存している国が，石油の生産量を調整するのだろうか。
	・先進国と発展途上国の農業の違い	—発展途上国で農業就業人口割合が高く農業を中心産業としているのに食料を輸入している国がある一方で，先進国で農業就業人口割合が低いのに食料を自給している国があるのはなぜだろうか。なぜ日本は，食料自給率が低いのだろうか。食料自給率の低い日本から食料の輸出が増えているのはなぜなのだろうか。
	・工業の種類と立地の変化	—なぜ多くの国々で，工業の中心が軽工業から重化学工業へ移り変わっているのだろうか。なぜ，付加価値の高い工業が先進国だけでなく発展途上国に立地しているのだろうか。
A(3)交通・通信，観光	・情報格差（デジタルディバイド）による格差	—なぜインターネットの普及と利用には地域差があるのだろうか。
	・訪日外国人観光客の観光行動の多様化	—訪日外国人観光客の人数と出身国・地域はどのように変化してきたのだろうか。
A(4)人口，都市・村落	・都市の変容	—都市はどのように形成され，どのように変化していくのだろうか。なぜ，都市の分布には地域差が見られるのだろうか。人々はどのような場所に居住し，どのように都市を発達させてきたのだろうか。どのような自然条件の上に立地しているのだろうか。自然条件の他に立地条件はないのだろうか。都市は，場所の自然環境や他地域との結び付き，歴史的背景などの影響を受けて立地するか。人々はどのように都市を拡大させてきたのだろうか。
	・人口構成の変化に	—人口の増減や人口構成の変化は，地域にどのよう

120

	よる地域への影響	な影響を及ぼすのだろうか。人口の分布や構成はどのように変化するのだろうか。発展途上国，先進国はそれぞれどのような人口問題に直面しているのだろうか。
A(5)生活文化，民族・宗教	・多民族社会の成立と多文化主義	―なぜカナダの道路標識には複数の言語が使われているのだろうか。
B(1)現代世界の地域区分	・実質地域としての地域の捉え方	―世界はどのように地域区分されるだろうか。ロシア連邦はアジアなのだろうか，それともヨーロッパなのだろうか。アメリカ合衆国本土はいくつに地域区分すると地域的な特色がつかみやすくなるだろうか。南北アメリカは，従来，州や大陸に着目して二つに地域区分されてきたが，果たして二つに地域区分することが適切なのだろうか。
B(2)現代世界の諸地域	・欧州連合（EU）経済圏の変容 ・国家の結び付き－東南アジア ・経済成長率－インド ・宗教－イスラーム諸国	―なぜ，ヨーロッパで分裂と統合が見られるのだろうか。 ―ASEAN諸国とはいったいどのようなまとまりをもった地域なのだろうか。 ―なぜ，インドは急激な経済成長を遂げているのだろうか。 ―イスラームの国々には，いったいどのような共通点や相違点があるのだろうか。
C(1)持続可能な国土像の探究	・首都機能の分散 ・ツーリズムによる持続可能な社会づくり ・防災・減災と地域の活性化	―持続可能な社会づくりに向けた望ましい行政区画としてどのような設定が考えられるだろうか。 ―持続可能な社会づくりに寄与する訪日外国人旅行者向けの観光プランとしてどのようなプランが考えられるだろうか。 ―地域の活性化につなげる防災・減災を目指した国土形成とはどのようなものだろうか。

出典：文部科学省 2018, pp85-116 を基に筆者作成。

　上記の「主題」及び「問い」を中心に構成する学習では，問題を把握し，その解決策を探すために問題を追究し，解決に至る学習過程を重視する単元学習を行う必要がある。しかし，竹内（2021，21）が指摘したように，これまでの高等学校地理授業においては，教育内容を優先する傾向があり，「1時間1話完結型」が多かった。このような授業では短時間で多くの知識を伝えることができるものの，授業間の関係性が薄く，教育内容を暗記する科目としての地理になってしまうという課題が残る。必履修科目である「地理総合」の実施に当

たっては，これまでの内容中心の授業から問い中心の授業への転換を想定した
関連書籍が出版されているが（例えば，井田 2021，大野・竹内 2021 など），問題解
決的な学習としての単元を設けた事例はまだ少ない。

3　理想とすべき社会科の「問題解決的な学習」

　これまでの内容を踏まえ，高等学校地理における「エネルギー」を主題とし
た問題解決的な学習を提案する。前述したように問題解決的な学習を行うため
には，十分な時間を単元学習に費やす必要がある。中学校カリキュラムである
が，ここで取り上げる「エネルギー」について，香港では 8 〜 10 時間，シン
ガポールでは 10 時間を想定し，問いを中心とする問題解決的な学習を行って
いる（金 2018）。

　永田ほか（2017）は，2013 年現在 17 カ国におけるエネルギー自給率を示し
た図 1 を用いて「地理総合」の大項目 B の中項目(2)の授業づくりを説明してい
る。しかし，問題解決的な学習を充実させるためには十分な授業時間を確保
できる「地理探究」の大項目 A の中項目(2)での実践がより望ましい。

　問題解決的な学習は，生徒自ら問題が何なのか，どこに問題があるのかを把
握することから始まる（Ⅰ. 問題把握）。それでは，図 1 からどのように問題を
把握すれば良いのか。講義式授業では教師がエネルギー自給率が何なのかを説
明することから始めることが多い。しかし，問題解決的な学習を用いる場合，
生徒が地理的な見方・考え方を働かせながら図 1 を見ることから授業が開始さ
れる。まず 17 カ国がどこに位置するのかを確認し，それらの国々のエネルギ
ー自給率はどうなっているのかという地理的問いが生まれる。この段階では位
置・分布という地理的概念に基づいて社会的事象を見ることが重要である。例
えば，図 2 の世界地図から 17 カ国の位置を確認することで，事例とした国々
だけではなく全世界の課題として問題が見える。このように社会的事象を地図
上に重ねて考える空間的認識は地理固有の「問題を見いだす力」だと言える。

　エネルギー自給率が各国によって異なることを問題として把握したら，次に
なぜ世界各国のエネルギー自給率は異なるのかという問いが生じる。この問い
に答えるため，生徒は関連する情報を集め，それを分析・解釈・評価すること

になる（Ⅱ. 問題追究）。まず，世界のエネルギー資源は均等に分配されているのかを調べるために，エネルギー資源の世界的分布や各国のエネルギー消費の情報を集める。そして，集めた情報を分析・解釈・評価することになるが，ここでも地理的な見方・考え方に基づいた「解決策を探す力」が必要となる。例えば，場所という概念を用いて各国の社会的・経済的状況を比較しながら，その国だけの特殊性と他国でも見

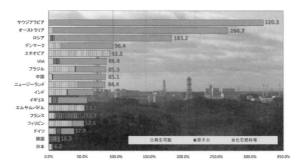

図1　エネルギー自給率の国際比較（2013）
出典：UN Statistics Division 2013 Energy Balances（2016）
のデータを基に作成。永田ほか 2017，103 より再掲

図2　2013年度エネルギー自給率の世界地図
出典：IEA Energy Atlas
http://energyatlas.iea.org/#!/tellmap/-297203538/1

られる一般的な共通性を明らかにする。また，世界から国へとスケールを換えて問題を見れば，日本のエネルギー自給率はどのように変化してきて，変化するのかという問いを立てることもできる。図1を見れば，2013年現在の日本のエネルギー自給率はわずか6.2%で非常に低い状況にあることが分かる。そして，1970年代のオイルショックや2011年の東日本大震災によるエネルギー源の変化を通してエネルギー自給率はどのように変化してきたのかを調べることになる。特に原子力の利用に関しては，日本だけではなくフランス，ドイツ，韓国などとの比較を通して，各国の特殊性と一般的な共通性が確認できる。
　問題解決的な学習においては「問題解決を行う力」を養うために価値判断・

意思決定・行動までの学習過程を行う必要がある（Ⅲ. 問題解決）。例えば，今回の事例ではどうすればエネルギー資源を持続可能な方法で管理できるのかという問いを設け，問題解決に向かうことができる。これまでの過程で深められた地理的な見方・考え方を働かせることが重要である。特に，持続可能な開発として世界的な課題の解決には人間と自然環境との相互依存関係という地理的概念が必要である。自分が選択した解決策が自然環境からどのような影響を受けているのか，自然環境にどのような影響を与えるのかという考え方を要する。以上の説明をまとめると，表3のような問題解決的な学習の過程となる。

表3　エネルギーを主題とした問題解決的な学習

学習過程	地理的問い（地理的概念）
Ⅰ. 問題把握	・図1の国々はどこに位置するのか。それらの国々のエネルギー自給率はどうなっているのか（分布・分布）。
Ⅱ. 問題追究 （情報の収集・分析・解釈・評価）	・なぜ世界各国のエネルギー自給率は異なるのか（場所・空間的相互作用など）。 ・日本のエネルギー自給率はどのように変化してきて，変化するのか（空間的相互作用・地域など）。
Ⅲ. 問題解決 （価値判断・意思決定・行動）	・どうすればエネルギー資源を持続可能な方法で管理できるのか（人間と自然環境との相互依存関係）。

4　問題解決的な学習を活かした力強い授業づくり

　本節では問題解決的な学習を通して，児童生徒が自ら問題を見いだし，その解決策を探し，実際に問題解決に向かうことを理想の学習であると述べてきた。しかし，問題解決的な学習を活かした授業づくりは教師にとっても理想の教授法であろう。すなわち，問題解決的な学習の実現には，児童生徒だけではなく教師の問題解決力も求められている。特に高等学校地理においては，教師の教科専門性としての地理的な見方・考え方に基づいた問題解決力を働かせることが，力強い授業づくりの鍵となる。そして，そのような授業を通して生徒も地理的な見方・考え方に基づいた問題解決力を養うことができよう。

〔引用文献〕
・井田仁康編著『高校社会「地理総合」の授業を創る』明治図書出版，2021 年
・大野新・竹内裕一編『地域と世界をつなぐ「地理総合」の授業』大月書店，2021 年
・金玹辰「子ども自らが学びを学ぶための学習論―社会科における問題解決学習と探究学習を踏まえて―」，『学習研究』461 号，2013 年，pp.22-27
・金玹辰「地理的見方・考え方の育成と地理的探究に基づく学習」，井田仁康ほか編著『21 世紀の教育に求められる「社会的な見方・考え方」』帝国書院，2018 年，pp.84-93
・竹内裕一「地理学習における主体的，対話的とは」，井田仁康編著『高校社会「地理総合」の授業を創る』明治図書出版，2021 年，pp.20-27
・永田成文・金玹辰・泉貴久・福井朋美・藤澤誉文「エネルギーをテーマとした地理ESD 授業」，『地理』62（9），2017 年，pp.100-106
・藤井千春「問題解決学習」，日本社会科教育学会編『新版　社会科教育事典』ぎょうせい，2012 年，pp.220-221
・文部科学省「高等学校学習指導要領（平成 30 年告示）解説　地理歴史編」2018 年

求められる「自分ごと」の歴史観への転換
──高等学校歴史学習における
「問題解決的な学習」の〈現在〉──

東洋大学教授
須賀　忠芳

1　社会科の「問題解決的な学習」とは何か

　高等学校の歴史学習において「問題解決的な学習」に取り組ませることは，歴史の学びの意義そのものに直結するものとして提示することができる。歴史事象における諸課題に，当時の人々がどのように向き合ってきたのかとする問題提起を基に，歴史事実に即しつつ，当時の人々の心情，行動に思いをはせながら，分析的に思考していくことは，生徒が，歴史的状況を主体的に考察し，歴史認識を深化させることにほかならないためである。すなわち，高等学校歴史学習における「問題解決的な学習」とは，混迷する社会状況にあって，過去の困難な歴史的状況を読み解き，考察することで，社会の現状と自らの立ち位置とを見定めることにつながる学習として定置することができる。

　K. バートンとL. レヴスティクは，「熟考したり議論に参加したりする上で困難な仕事とは，『誰もが信じているもの』に合意していくことではなく，価値感がお互いに異なっていても採用することのできる行動について合意づくりをしていくこと」とし，「歴史はそのような違いを考察していくために豊かな場所（terrain）を提供する」と述べる。さらには，「（歴史教育においては）しばしば過去の複雑さが単純化されてしまい，通常は歴史に何か一つの幸せな合意（コンセンサス）があるかのような，全く間違った歴史の姿が子どもたちに示されてしまっている」と言い，また，歴史教育からの学びについて，「他の見解を受け止めることが道理に適ったことであると思える環境を生み出していくことを助けていく」としている（K・バートン，L・レヴスティク，2004，渡部・草原

ら訳，2015）。こうした指摘が示唆するところは，「歴史の学び」の本質として
求めていくべきものは，歴史過程において内包されていると錯覚される「何か
一つの幸せな合意（コンセンサス）」ではなく，歴史上見出せる「他の見解を受
け止めること」を通して，今日の社会状況における「多様な見解の違い」を学
び取ることにあり，それらが提供される「豊かな場所（terrain）」こそが歴史
的過程の学びの場にあるとするのである。

　高等学校歴史学習では，義務教育段階の歴史の学びをふまえて，歴史事象か
ら多様な価値観を導き出す「豊かな場所（terrain）」を追い求めていくことが
可能となるのであり，その方法こそは，「問題解決的な学習」に見出していく
ことができるに違いない。高等学校歴史学習において「問題解決的な学習」に
取り組ませることで，学習者には，過去の困難な歴史的状況に直面した人々が，
いかにそれを克服したのか，あるいは，困難な状況に屈せざるをえなかったと
したら，それを克服できなかったのはなぜか，といった分析的な思考，あるい
は，今につらなる歴史資源をどのように継承し，活用していくべきか，といっ
た現状判断の思考を迫ることで，歴史的状況を自らの思考に落とし込みながら，
過去の歴史事象と現代とを連関させた多様な歴史観，価値観を育成させたい。

　この時，一般的な事象，事物として捉えられがちな歴史の学びを，どう生徒
それぞれの生き様に直結させることができるかが肝要となる。歴史研究におい
て，石居人也は，歴史の「現場」に向き合うことの価値を言い「『現場』から
組み立てる歴史学」の柱として次の二つを挙げている。第一に，「『現場』に足
を踏みいれて，まずはその『現場』を徹底的にみつめ，考えること」であり，
第二に，「『現場』に足を踏みいれて，『現場』から考えること」である。それ
らは，「既知の史料だけではみえなかった世界へと視野を広げる，あるいは既
知の史料では埋められなかったピースを埋めていく作業」であり，そうした作
業を「問いの出発点や転回点や展開点として，考察を深めていく」ことができ
る，としている（石居，2017）。「問題解決的な学習」において，歴史事象にお
ける諸課題に向き合わせることは歴史の「現場」に迫る形での歴史的思考を形
成する契機として有効なものとなりえていくにちがいない。高等学校歴史学習
は「問題解決的な学習」に取り組ませることで，歴史事象に近接させながら，
歴史的状況を読み取るとともに現代の諸課題にも向き合うことが可能となるの

である。

2　社会科の「問題解決的な学習」の現状と課題

　高等学校歴史学習における「問題解決的な学習」の現状を捉える時，その主要なトピックとして，2022年度から実施されることとなった新科目「歴史総合」並びに「日本史探究」「世界史探究」の設置を挙げることができる。その主な位置づけについて，例えば「歴史総合」について取り上げれば，君島和彦は，「現代的な諸課題の形成に関わる近現代の歴史を課題解決学習・テーマ学習によって学ぶ科目」「歴史の学び方を修得する科目」として位置づけている（君島，2019）。また，成田龍一は，「歴史総合」の内容を「歴史の営みは解釈を伴っていることを学ぶ」「歴史を『事実』の連鎖として一元化することなく」「歴史的評価も多義性を有することを学ぶ」ものとして提示している（成田，2019）。すなわち，歴史系新科目に求められるものは，「歴史の学び方を修得する」ものであり，歴史の体系が「解釈を伴っている」ものであり，その評価も「多義性を有する」ことを学ぶものである。ともすれば「暗記科目」ともされてきた歴史学習を，新たに捉え直す動向が，歴史系新科目において提示されているわけであり，なおかつそれは思考を促すものとして「問題解決的な学習」を希求するものともなっている。

　一方で，「歴史総合」の課題として，勝山元照は，「生徒の知的好奇心のみに依存せず，生活意識・社会意識と結びついた『歴史との対話』をどう実現するか」とした点を挙げ，「生徒の内面世界と歴史学習との間には，ある種の隔たりが存在」し，「この隔たりを克服し『自分ごと』の歴史に転換することは，歴史アマチュアとしての市民的資質形成にとって極めて重要」であると指摘している（勝山，2021）。高等学校歴史学習における新たな試みが展開されていく中で，肝要な事柄は，勝山の指摘の通り，学習主体の「生活意識・社会意識と結びついた『歴史との対話』」を担保することであり，また，学習主体に「『自分ごと』の歴史」としての認識を保持させることであろう。同時にそれは，「問題解決的な学習」に向き合う中での課題と捉えることができる。

　広く歴史的状況を捉えながら，現代の状況と自らの立ち位置に思いをはせる

「『自分ごと』の歴史」に転換させるためには，どのような方法が取られるべきであろうか。その方法こそは，「問題解決的な学習」にほかならない。歴史事象における諸課題に向き合わせる「問題解決的な学習」に取り組ませることで，過去の歴史事象と現代とを連関させた多様な歴史観，価値観の形成を促し，そこから「『自分ごと』の歴史」としての歴史観が表出されていくに違いない。

　その際の学習指導について，「問いの構造化」に着目したい。「問い」について，佐長健司は，正統的周辺参加の立場から，社会科授業において求めるべき問いとして，「状況としての市民社会に埋め込まれた問い」「学校を超えて，その外部である共同体としての市民社会において意味と価値が得られる問い」であることが必要であると述べている（佐長，2012）。そうした問いによって構成された学びから，学習者は「市民としてのアイデンティティを形成し，メンバーとして市民社会に参加し，それを形成していくことに導か」れていくとしている。「問いの構造化」においては，多様な問いのあり方について腑分けしながら分類，検討し，洞察を図る問いを発していくことで教材の本質に迫ることが求められる。その際，「市民社会において意味と価値が得られる問い」が求められるわけであり，歴史学習においては，そこから，「『自分ごと』の歴史」としての歴史観，価値観の形成を促していきたい。

3　理想とすべき社会科の「問題解決的な学習」

　「問いの構造化」をふまえた，社会科の「問題解決的な学習」として，高等学校歴史学習，特に「日本史探究」における授業例として，「歴史的景観の保全をめぐる課題とその活用」として設定した単元を挙げたい。同単元は，平成30年告示「高等学校学習指導要領」「日本史探究」における，「D　近現代の地域・日本と世界」「(4)現代の日本の課題の探究」に関わる題材である。当項目について，「内容」では，「持続可能な社会の実現を視野に入れ，地域社会や身の回りの事象と関連させて主題を設定し，諸資料を活用して探究する活動」が求められている。地域に残る歴史的景観は，地域の歴史・文化を伝える貴重な場としてその保全が強く求められる一方で，生活の場としての地域住民の利便性に影響を与えることもあり，景観保全と利便性の間でいずれが重視される

べきか議論になることもある。当該議論に関わる事例をふまえて，歴史的景観の保全とその活用のあり方について考察し，歴史的景観ひいては歴史文化資源の活用とその意義について認識させることが，当該単元設定の理由であり，目的である。当題材を通して，歴史的経過，事物を地域に引き付けながら「『自分ごと』の歴史」として，学習者に把握させ，その時，どのような課題に直面し，どのような意義を見出すことができるか，学習者に迫ることとなる。その際，授業者から，「市民社会において意味と価値が得られる問い」を発することで，「問いの構造化」を試み，学習者への認識の深化を図ることとする。

　「歴史的景観の保全をめぐる課題とその活用」の単元計画は，表1の通りである。当該単元における各項目の題材を挙げれば，①中尊寺領骨寺村荘園遺跡の景観（岩手県一関市厳美町本寺地区），②近世宿駅・大内宿の景観（福島県下郷町大内区），③前近代の港町・鞆の浦の景観（広島県福山市鞆町）である。いずれの題材も，歴史的景観について，景観保全を進める一方で，地域住民の利便性の確保が課題となる中で，それらを乗り越えて，地域づくりが展開されていった事例である。あわせて，当該事例については，「日本史探究」の総括としての単元の位置づけとして，中世荘園や宿駅，港町の景観を把握させることで，中世から近世にかけて展開された地域における土地利用のあり方に論評できるとともに，そうした形で形成された地方都市，街区が，近代に入って交通体系の変化もあいまって厳しい状況に直面することとなったことについても，学習者に認識させることができる題材となっている。本稿では，当該授業項目のうち③前近代の港町・鞆の浦の景観（広島県福山市鞆町）を題材とした「歴史的景観をめぐる景観保全と地域開発の相克」を取り上げることとする。

　鞆の浦の景観を題材とした「歴史的景観をめぐる景観保全と地域開発の相克」に関わる指導計画表は，表2の通りである。授業の過程において，当該授業の課題について，三つの問いを発することで，学習者に思考・判断を迫りたい。

　第一の問いは，「港町として栄えた鞆の浦が明治時代以降，衰退していったのはなぜだろうか？」というものである。瀬戸内海交通の要所として栄え，特に江戸時代には北前船の寄港地としてにぎわった鞆の浦が，明治時代以降，衰退していった理由は，1891（明治24）年に，福山・尾道間に山陽鉄道が敷設さ

れて列車が走るとともに，海上輸送でも汽船が就航し，潮待ちの必要が無くなったことから，往来する船舶が鞆に寄港することはなくなり，鞆は主要交通路から外れることになったためである。学習者は，「北前船」や「鉄道敷設」などは断片的に理解していても，それらの知識が体系立った認識にはつながりにくい。鞆の浦にみる，地域の交通の変遷を実感することで，断片的な知識は総合化されていくこととなる。同時に，主要交通路から取り残されたために，江戸時代以来の港町の景観が地域に残されることになったことも，認識させていくことができる。地域の歴史的景観が保持される一方で，自動車のすれ違いに

表 1　「歴史的景観の保全をめぐる課題とその活用」に関する単元計画表

単元名	歴史的景観の保全をめぐる課題とその活用
単元（題材）設定の理由	地域に残された歴史的景観は，地域の文化・歴史を伝える貴重な場としてその保全が強く求められる。一方で，歴史的景観は地域住民の利便性に影響を与えることもあり景観保全と利便性の間でいずれが重視されるべきか議論になることもある。当該議論に関わる事例をふまえて，歴史的景観の保全とその活用のあり方について考察し，歴史的景観ひいては歴史文化資源の活用とその意義について認識させるために本単元を設定した。
指導計画と指導目標	・中世荘園の景観をいかした地域づくり……1 時間 岩手県一関市厳美町本寺地区は，中尊寺領骨寺村荘園遺跡の景観を今に伝える地域である。当時の景観を今に残す農地の曲がりくねった畦畔や土水路は，耕作作業に不便をきたすものであるが，行政側の主導する農地整備事業によって，それらをむしろ保全し，当時の景観を維持することに努めて地域おこしを図っている。一方で耕作作業の不便さもあり，後継者不足に悩んでいる実情もある。中世荘園の景観を維持した地域おこしの取り組みと直面する課題について考察し，歴史的景観保全の意義について認識させる。 ・近世宿駅の景観をいかした地域づくり……1 時間 福島県下郷町大内区は，近世宿駅・大内宿の景観を今に伝える地域である。茅葺き屋根が軒を連ねる地区の景観は，1960 年代後半に注目を集め，多くの観光者が詰めかけた。一方で，茅葺き屋根保全の困難さと観光者への対応に苦慮した地域住民は，屋根の改修を進め，1970 年代後半には，歴史的景観は失われかけた。しかし，その後改めて，歴史的景観保持に注力することとなり，茅葺き屋根の景観を復活させ，現在では 100 万人近い観光者を集める地域となっている。近世宿駅の景観を一旦は放棄しながら，それを回復させた地域の取り組みの意義について考察し，歴史的景観保全の意義について認識させる。 ・歴史的景観をめぐる景観保全と地域開発の相克……1 時間 広島県福山市鞆町は，鞆の浦として，歴史的に瀬戸内海交通の要所として栄えてきた。しかし，明治期以降，交通経路の変化などもあり，地区は衰退した。行政側は，地域住民の利便性向上を目的に，鞆の浦埋立て架橋を計画した。ところが，当該計画について，歴史的景観保全を主張する住民らが反対し，裁判の結果を受けて，埋立て・架橋計画は撤回された。その結果，歴史的景観は保全されたものの，地域開発には課題も残された。一方で，歴史的景観と街並みをいかした観光振興策も展開され，過疎化の進む地域における振興策が進められている。地域における景観保全と地域開発の相克の経過について認識し，歴史的景観保全が選択されたことでの課題と，それを克服する地域の取り組みの意義について考察させる。

表2 「歴史的景観をめぐる景観保全と地域開発の相克」に関わる指導計画

学習活動	指導上の留意点
1　広島県福山市・鞆の浦の概況について理解する。 ・「崖の上のポニョ」の舞台 ・港町としての歴史的景観が残る。 ・道筋など生活に不便な環境 ・進行する人口減少 2　鞆の浦において展開されてきた歴史的状況について理解する。 ・瀬戸内海交通の要所 ・「室町幕府は鞆に興り，鞆に亡ぶ」 ・北前船の寄港地として繁栄 ・朝鮮通信使……「日東第一形勝」	○広島県福山市・鞆の浦について，歴史的景観が残る場所である一方で，道幅の狭い道筋など生活に不便な様子があることも示す。また，市街地から離れていて人口減少が進んでいる現状についても言及する。 ○鞆の浦は，歴史的に瀬戸内海交通の要所であり，江戸時代には，北前船の寄港地として栄えたほか，立ち寄った朝鮮通信使が「日東第一形勝」と賞した景観でも知られていたことを提示し，前近代における鞆の浦の繁栄ぶりを理解させる。
発問1　港町として栄えた鞆の浦が明治時代以降，衰退していったのはなぜだろうか？	
3　鞆が明治時代以降，衰退していった理由を考察する。 ・鉄道敷設　福山〜尾道間 ・汽船の就航　潮待ちの必要なし 　→鞆は主要交通路から除外 　その後，2000年代後半から起こった，鞆の浦埋立て架橋計画問題について認識し，埋立て・架橋計画が撤回された経過について把握する。	○鞆が明治時代以降衰退していった理由を考察させ，鉄道敷設や汽船の就航で主要交通路から外れたことを理解させる。 ○鞆の浦の渋滞解消などのため，広島県が発表した架橋計画について，これに反対する住民らが2007年に広島県の埋立免許差止めを求めて提訴し，広島地方裁判所は2009年に埋立免許差止めを命ずる判決を出し，埋立て・架橋計画が撤回された経過について把握させる。
発問2　地域住民の利便性を向上させるために計画された架橋に，なぜ，反対する動きが起こったのか？	
4　鞆の浦埋立て架橋計画問題について，反対する動きが起こったのはなぜか考察する。 ・歴史的景観の保全を重視する動向 5　架橋賛成派，架橋反対派の意向について把握し，自らの意見を表明する。	○鞆の浦埋立て架橋計画問題について，地域住民の利便性を向上するために計画された架橋に，なぜ，反対する動きが起こったのか考察させる。 ○地域住民の利便性を重視すべきとする架橋賛成派と，歴史的景観を維持するべきとする架橋反対派の意向について把握し，賛成か反対か，自らの意見を明らかにして検討させる。
発問3　地域住民の利便性を重視して世界遺産に架橋がなされたドレスデンの事例もふまえて，鞆の浦で架橋が撤回されたことをどのように考えるか？	
6　ドイツ・ドレスデンの事例もふまえて，鞆の浦埋立て架橋中止の是非を判断する。 7　歴史的景観保持と地域住民の利便性確保のいずれが優先されるべきか検討し，歴史資源が観光資源として活用されることで地域活性化に寄与することを認識する。	○ドイツ・ドレスデンでは，世界遺産ともなっていたエルベ渓谷に架橋がなされ，結果的に世界遺産認定は取り消されたものの，地域住民の利便性が確保されたことを把握させ，比較させながら，鞆の浦埋立て架橋が中止されたことの是非を判断させる。 ○歴史的景観保持と地域住民の利便性確保の相剋について認識させ，歴史資源がどのように社会に活用されていくべきか検討し，歴史資源の今後のあり方について認識させる。

　も支障がある道幅の狭い道筋など生活に不便な様子が残される結果となった。それに対して，行政側が計画したことが，鞆の浦の港湾約2ヘクタールを埋め立て，湾の両端を結ぶ約180メートルの橋を架けるものであった。

　第二の問いは，「地域住民の利便性を向上するために計画された架橋に，なぜ，反対する動きが起こったのか？」というものである。鞆の浦の湾を結んで架橋することは，円滑な自動車の往来を図るもので，地域住民の利便性に寄与するものであった。一方でその架橋は，江戸時代に当地に来訪した朝鮮通信使一行が，「日東第一形勝」，すなわち日本で最も美しい景勝地であるとした鞆の浦の歴史的景観を台無しにするものであった。そのため，一部住民から，架橋に反対する訴訟が2007年になされ，それに対して，広島地方裁判所から，2009年，当時としては画期的とも言える，景観保全を重視した，埋立免許差止めを命ずる判決が出され，埋立て・架橋計画が撤回されるに至ったわけである。結果的に，歴史的景観は保持されることとなったが，利便性を重視し，架橋推進を唱えていた住民グループにとっては，わだかまりの残る結果ともなり，地域住民の意識に複雑な感情を残すものともなった。

　第三の問いは，「地域住民の利便性を重視して世界遺産に架橋がなされたドレスデンの事例もふまえて，鞆の浦で架橋計画が撤回されたことをどのように考えるか？」というものである。ドイツ・ドレスデンでは，世界遺産ともなっていたエルベ渓谷に2007年に架橋がなされ，2009年に世界遺産認定は取り消されたものの，地域住民の利便性が確保され，優先された事例がある。それをふまえて，鞆の浦において，歴史的景観の保持を理由にして，地域住民の利便性がないがしろにされたことは，果たして正当な判断だったのだろうか，と問うことができる。歴史的景観保持に前のめりであった学習者の意思は，当該事例を目の当たりにして，大いに揺らいでいくに違いない。それをふまえて，それでも，歴史的景観保持を優先したことにどのような意義を見出せるのか，考察させることが重要となる。その際，ザクセン州の州都で，架橋後まもなくの2012年末の人口は約52万5000人の大都市であったドレスデンとは異なり，鞆の浦は，人口減少が進み，1977年に人口1万人を割り込み，2017年には最盛期の半数以下の4097人となっていることを示す必要がある。あわせて，観光入込者数を示せば，1998年に144万人であったものが，2015年に236万人，

2016年に215万人と，近年では200万人を超える観光者を集めていることも示すことは，学習者に対して，考察の手がかりを与えていくに違いない。過疎化対策として，架橋推進派は，インフラ整備の新たなまちづくりを打開策としたわけだが，一方で架橋反対派は，歴史的な景観を保存した中での歴史と伝統を生かしたまちづくりに光明を見出したことになる。学習者には，地域の将来展望を見据えた時，いずれの判断を優先すべきか，改めて問いながら，特色をいかした地域おこしの観点から，歴史的景観を保持することの可能性について，改めて認識させていくことができる。

　三つの問いについて，とりわけ，第二，第三の問いは，「市民社会において意味と価値が得られる問い」として機能していくことになる。歴史的経過で残された景観が，地域においてどのように位置づけられていくべきかを，深く検討させる問いになっているためである。加えて，学習者に，当該論争に向き合わせ，両者の立場に立って事態を解釈させることは，これまで学んできた歴史的状況が地域の歴史的景観として残されていく中で，それをどのように活用していくべきか，とした課題について，自ら向き合わせ，「自分ごと」として思考，判断させていくことになる。この時，授業者による「問いの構造化」を通して促される学習者の思考は，歴史的景観が活用される「現場」から歴史を見つめ，それを通して，過去の歴史事象と現代とを連関させた多様な歴史観，価値観を育成していくことにつながっていくのである。

4　これからの「問題解決的な学習」に求められるべきこと

　大門正克は，1990年代以降の時代状況を捉えて，「『大きな物語』への関心が乏しくなり，情報革命によって人々の日常的な時間感覚が大きく変化」していく中で，「強烈な現在志向によって，次々と生起する重要な出来事が忘却の彼方においやられ，『いま』と『過去』を二分する発想や，さまざまな過去の史実から懐古的で快適なものだけをとりだす歴史意識が現れている」と論じている（大門，2010）。「『自分ごと』の歴史」として認識が困難となっている学習者にとって，歴史への向き合い方は，「懐古的で快適なものだけをとりだす」ものだけであり，そこから見出せる関心事は，「『自分ごと』の歴史」というよ

りも「『自分だけ』の歴史」にすぎない。全体の歴史的状況をふまえつつ，大局的な歴史の流れについて，あるいは当時の時代状況を思いやり，あるいは現代の状況と比較しながら「自分ごと」のものとして認識を深めていく歴史解釈ではなく，「自分だけ」の都合のよいものを選び取って，近視眼的な範疇で事物を捉え，手前勝手な解釈で歴史的状況を判断するものとなっている。同時にそれは，若者層に限ったことではなく，社会全般における傾向と捉えることもできるのであり，1990年代半ばから立ち現れる，いわゆる自由主義史観に象徴される歴史修正主義の動向は，正に「『自分だけ』の歴史」が，広く影響力を持つに至った事態と捉えることができる。

　歴史学習において，「問題解決的な学習」が広く展開され，過去の歴史事象と現代とを連関させた多様な歴史観，価値観の形成を促していくことで，「『自分だけ』の歴史」から，「『自分ごと』の歴史」としての歴史観に転換されていくことが求められているのである。

〔引用文献〕
・石居人也「『現場』から組み立てる歴史学，」歴史学研究会編『現代歴史学の成果と課題　第4次 -3　歴史実践の現在』績文堂出版，2017年
・大門正克「高度成長の時代」，大門正克他編『高度成長の時代1　復興と離陸』大月書店，2010年
・勝山元照「新しい世界史教育として『歴史総合』を創る―『自分の頭で考え，自分の言葉で表現する』歴史学習への転換―」，荒川正晴他編『岩波講座　世界歴史　01　世界史とは何か』岩波書店，2021年
・君島和彦「新学習指導要領の構造と『歴史総合』」，『学術の動向』24(11)，2019年
・佐長健司「社会科授業における問いの状況論的検討―正統的周辺参加としての学びを求めて―」，『社会科教育研究』115，2012年
・成田龍一「『学習指導要領』「歴史総合」の歴史像をめぐって」，『歴史評論』828，2019年
・キース・C・バートン，リンダ・S・レヴスティク著，渡部竜也他訳『コモン・グッドのための歴史教育―社会文化的アプローチ―』春風社，2015年（Keith C. Barton and Linda S. Levstik, *Teaching history for the common good*, Routledge, 2004）。

第 **12** 節

私的自治の担い手を育成する問題解決的な学習
──法を構想する市民の育成──

埼玉大学准教授

小貫　篤

1　社会科の「問題解決的な学習」とは何か

⑴　「問題解決的な学習」を通して最も身に付けさせたい力

　問題解決的な学習を通して最も身に付けさせたい力は，法の支配の下での交渉を通じて自らの社会秩序を創造し，法を使い，法を再構築していく力である。これは，自分の法的行為は自分で決め，それについては自分で責任をもって行動することを通して，自由で公正な社会の形成に各自のやり方で貢献するという私的自治の担い手を育成することを意味している。

　私的自治の担い手とは，次のような意味である。高校生を含めた市民は，法や制度の基本を知り，法を遵守して社会生活を送ることが求められる。ただ，市民は法の遵守主体であるだけではない。法的権利の主体でもある。法的権利を行使し，互いの権利を尊重し合い，互いの権利が衝突した時に自由で公正な法秩序を自ら創造していく主体である。自ら法を創造するから，その法秩序を守る。さらに，その法秩序が自分を含めた多くの人にとって不都合であるならば，法秩序を交渉や法制度を使って再構築していくことになる。これが私的自治の意味であり，学校教育ではその担い手を育成することが必要である。

　私的自治の担い手を育成することが必要な理由は，以下の2点である。第1に，18歳成人にともなう自立した法的主体としての市民を育成するためである。江口（2020）が「現代法の文脈に対応可能な法的主体である高校生を公教育でしっかり育成しようとするもので，今後高校生を法的な権利・責任主体とする市民・個人（私人）として教育・育成する方向」が求められていると述べる通

り，自分が関わる権利義務関係についての認識をもち，自分の法益侵害がなされた場合には，適切な手続きにのっとり紛争を解決していこうとする市民を育成することが社会的な要請となっている。

　第2に，法化社会の到来がある。法化には，「社会で法律が増えて法律制度が社会にひろがること」（管理型法化），「市民が法の価値を優先するという法文化が社会の内で定着すること」（自治型法化），「裁判制度などの司法制度の利用が広がること」（自立型法化）の三面があるとされる（田中2011）。日本では，2001年に成立した小泉政権で，規制緩和後の競争社会を実現するために，密室での事前協議をやめ，公正で透明な法律を唯一のルールとする「法化社会」の実現が強調され，司法制度改革と相まって注目を集めた。こうした社会情勢の中で，社会科教育においても，法化社会に対応する市民の育成が求められてきた。ここで留意すべきは，先ほど述べたように法化が「社会で法律が増えて法律制度が社会にひろがること」のみを意味するわけではないことである。これについてハーバーマスは，法化の進行を「法による生活世界の植民地化」と表現し，批判している（ハーバーマス1985）。これは，宗教，道徳，家庭，教育のように，本来法律の規制になじまない分野まで法律が入り込み，そこにある文化やコミュニケーションが破壊されることに対する危惧である。むしろ重要なのは，「市民が法の価値を優先するという法文化が社会の内で定着すること」である。これは，法の下で，交渉によって「三方良し」を実現したり，社会問題や自身の紛争を解決したりすることを意味する。このような私的自治の原則は，日本が事前規制型社会から事後チェック型社会になっていくにつれてますます重要になってきている。つまり，市民が法や司法の主体となって紛争解決や合意形成をはかっていくことが必要なのである。学校教育においても，他者と共生しながら自由で公正な社会を形成するために，私的自治，即ち，自分のことは自分で決め，決めたことに責任をもちながら社会を形成していく態度を育てることが求められている。

(2)　社会科・公民科における「問題解決的な学習」

　社会科・公民科における問題解決的な学習[1]とは，社会によって構築された論争問題（ベスト2020）や現代社会の直面する基本的問題につながる生活現実

の課題（高山 1986）の解決過程において，そのための具体的な必要性から知識や技能を習得させるという学習活動の指導原理である。中等教育段階における問題解決学習は，1947 年版の「学習指導要領社会科編（第 7 学年〜第 10 学年）」で次のように明確に示されている。

　「一般社会科としては，中学校あるいは高等学校の生徒の経験を中心として，これらの学習内容を数個の大きい問題に総合してあるのであって，教科そのものの内容によって系統だてるようなことはやめることとした。このような総合にあたっては次のような原則がその基準となっている。

⑴学校内外の生徒の日常生活はつねに問題を解決して行く活動にほかならない。

⑵学校は生徒にとって重要な問題を解決するために必要な経験を与えて，生徒の発達を助けてやらなくてはならない。

　生徒がある一つの社会的な問題を解決するためには，従来の各教科における学習内容が何よりも必要である。そして，その解決のための最善の方法は，生徒がもっている知識や経験を，（中略）すべてこれをとり集めて，必要に応じて使うということである」

初期社会科の「一般社会」で見られた問題解決学習は，その後の変遷において次第に影が薄くなったが，1978 年版の指導要領における新科目「現代社会」にその精神が受け継がれた。当時，梶（1980）は，「これからの公民教育には初期社会科のような考え方（問題解決学習）をもう一度活用する工夫が必要である」と述べて，総合科目としての「現代社会」における問題解決的な学習の重要性を主張している。また，教科調査官だった斎藤（1991）は「現代社会」の成立を振り返って「現代社会」では，「社会と人間に関する基本的な問題についての理解を深める」，「できるだけ総合的な視点から理解させ考えさせる学習展開」，「学習する生徒の立場に立ち，自ら考える力を養う学習過程の確立」がキーワードであったと述べている。梶や斎藤が主張した学習原理は，初期社会科の問題解決学習そのままではないが，その精神を受け継いで現代に合わせて修正した問題解決的な学習といえる。

　2018 年版の学習指導要領における新科目「公共」においても，その精神は受け継がれている。学習指導要領解説では，「公共」における改善・充実の要

点として，「『人間と社会の在り方についての見方・考え方』を働かせ，考察，構想する学習の重視」，「現実社会の諸課題から『主題』や『問い』を設定し，追究したり探究したりする学習の展開」などが挙げられている。ここから，総合科目として生徒が問題を把握し，追究し，解決に向けて構想する問題解決的な学習を行っていくことが念頭におかれていることがわかる。

　このように，公民科における問題解決的な学習とは，指導原理であると同時に，総合教科としての公民科を公民科たらしめる中核ということができる。

2　社会科の「問題解決的な学習」の現状と課題

(1)　社会科・公民科の「問題解決的な学習」の現状と課題

　学習指導要領においては，問題解決的な学習の精神が継続して重視されているが，高等学校の教室ではどうだろうか。問題解決的な学習はなかなかなされていないのが現状である。

　問題解決的な学習を妨げている理由として，一般に受験や教科書が知識を中心に出題されたり編集されたりしているためと指摘される。しかし，それは必ずしも妥当ではない。受験については，大学入試共通テストや高校卒業認定試験の問題を解けばわかる通り，知識中心の問題構成ではなくなっている。生徒が社会問題を把握する場面設定から始まり，その社会問題を考えるための複数の資料を関連させて読み取る問題，社会問題の解決策を構想させる問題，答えが一つでない枝分かれ問題が出題されている。教科書については，各社の「公共」の教科書をみればわかる通り，社会問題の資料とそれに対応する問い，問いを考察する本文や特設ページ，振り返りのコーナー等が丁寧に配置されている。受験も教科書も問題解決的な学習を意識したものになっているのである。

　むしろ，問題解決的な学習を妨げる主な要因は，生徒の意識にあるのではないだろうか。心ある教師がいくら問題解決的な学習を実践しようとしても，生徒にそのような学習は求めていないと言われ続けると問題解決的な学習を実践し続けることは難しい。生徒が問題解決的な学習を忌避する原因は，受験にはいわゆるトーク＆チョークのような事項を羅列して覚えさせるような授業が役立つと思っていること（このような誤解は，実は共通テストの問題を解かせてその問

題の意図を年間を通して繰り返し説明することである程度解消できる），問題解決的な学習で取り上げられる社会問題が自分にとって自分ごとでないこと，問題解決的な学習で示される問いが明晰でないために知的に面白くないこと，せっかく考察や構想したことがあったとしてもそれが発表やレポートなど教室の中だけで完結しており，そこから学習の意義を見いだせないこと，などがあると考えられる。そこで，生徒の意識を変えるような問題解決的な学習を組織する視点を考えてみたい。

(2) 社会科・公民科において「問題解決的な学習」をつくる視点

第1に，生徒・社会・学問を組み合わせた学習過程を組織することである。近年「生徒の主体性」を伸ばすためにジグソー法や模擬投票などの様々な学習活動が設定されるが，それだけでは生徒は何のために活動をしているのか活動の意味がわかりにくい。また，「社会問題」に注目して，人道危機に対する人道的介入を巡る問題や原発問題を取り上げても，多くの生徒はそうした問題はわかったが自分には関係ない，で終わってしまう。社会認識が，意思決定や社会参加につながらないのである。あるいは，「学問の研究成果」を教えるだけでは社会の形成者は育たない。生徒が主体的になる活動だけ，社会認識だけ，学問の成果を教えるだけの授業ではなく，「生徒」が取り組まざるを得ない「社会問題」を取り上げ，問題の解決策を構想する際に「学問の研究成果」を活用することが重要である。

第2に，多くの生徒が自分ごととして直面し選択・判断せざるを得ない社会問題を取り上げることである。例えば，新型コロナウイルスが猛威を振るっていた当時，1回目ワクチン接種をするか，副反応被害をどう救うかという問題等が挙げられる。

第3に，明晰な問いを立てることである。かつて朝倉隆太郎は「東京付近で米の値段はどこが安いか。われわれはどこに買出しに行くべきか」という問いから「日本の食糧問題」の問題解決学習を展開した（朝倉1991）。これは，社会科誕生期に旧制上野中学校の「地理」で行われた実践であるが，「一般社会」第10学年「日本経済の再建と政府」で示されたものと同じ構造となっており，中等教育における問題解決学習のモデルの一つといってよい。この学習で示さ

れたような「入口は狭く，奥行きは広く」となる問いを設定し，生徒が知的に面白いと思えるようにすることが必要である。

第4に，明晰な問いを軸に単元を構造化することである。唐木（2022）は，「問いの構造化」を「問いを軸にした単元の構造化」と言い換え，選択・判断をさせる問いを中心に単元を構成すべきと述べる。これは重要な指摘である。なぜなら，教師は単元の流れを明確にでき，生徒は問いを立て解決することが学びの本質であることを体験できるからである。

第5に，教室の中にとどまらず社会にダイレクトに関わる機会を設け，厳しくコメントをしてもらうことである。社会にダイレクトに関わる機会としては，生徒が社会問題の解決策を構想し，実際に立法府や行政府に提案したり，専門家に学校に来てもらってプレゼンしたりするという活動が考えられる。ここで重要なことは，専門家に厳しくコメントをしてもらうことである。専門家や社会に提案・参加をすると，多くの場合，生徒は褒めてもらえる。しかし，それでは学習の効果は半減する。生徒が構想した解決策は，大抵の場合すでに専門家によって考えられている。生徒の考察が足りない点や構想した解決策の穴を専門家に指摘してもらうことで，生徒は新しい学習課題や考えるべき点に気づくことができる。つまり，専門家の指摘を契機として自らの学習を振り返り，新たに追究すべき問題と直面するのである。振り返りによる新たな学習課題の設定は，上田（1958）が「問題は解決しきるということはないのである。追究は，つねに新しい視点を切りひらき，問題は発展してきわまりない」と言うように，問題解決的な学習の重要な要素である。

以上の5点の視点をもとにして，公民科の問題解決的な学習をつくり年間を通して実践することで，問題解決的な学習を忌避する生徒の意識を変えることができる。

3 理想とすべき社会科の「問題解決的な学習」

(1) 授業の概要

ここでは，高等学校公民科における問題解決的な学習の具体例として，「ワクチン接種後の副反応被害をどう救済するか」を提示する[2]。本授業は，2021

年1月～2月に，筑波大学附属駒場高等学校の2年生158人を対象として行われた。「政治・経済」で行われたが「公共」の大項目「B(2)法や規範の意義及び役割」を想定している。単元目標は，「国家賠償，損失補償，『国家補償の谷間』についての法的な考え方や価値を理解することができる。（知識及び技能）」，「国家補償の谷間にかかわる社会的課題についての解決策を考察し，提案することができる。（思考力，判断力，表現力等）」である。

　授業内容は，感染症の予防接種の副反応被害の救済方法を構想するというものである。そもそも予防接種は，本人の利益だけでなく，社会を感染症から予防・防衛するという公共の利益のために行われる。一方で，副反応による被害者が出ることが不可避であることが明らかとなっている。新型コロナウイルスワクチンについては，2020年12月2日に予防接種法が改正され，新型コロナウイルスワクチンの接種類型はまん延を防止するための緊急の必要がある「臨時接種」として位置づけられ，接種の対象者には「努力義務」が課せられた。「努力義務」という勧奨接種ではあるが，ワクチン証明書を持っていない人の移動の制限があるなど事実上の義務化となっていた。ここから，接種したワクチンで重篤な副反応が起き重い障害が残った場合，どのように政府に補償を求めるのかという問題を考える必要がでてくる。政府は，無過失補償の制度を設けているが，これでは納得できないという被害者もいた。

　予防接種によって副反応が出た人をいかに救済するかという問題は「国家補償の谷間」と言われる。国家賠償には，国の違法かつ故意・過失の行為によって権利や法益が侵害された場合の救済である国家賠償（根拠は日本国憲法第17条と国家賠償法）と，適法な公権力の行使によって加えられた財産上の特別の犠牲に対し公平負担の見地からなされる損失補償（根拠は日本国憲法第29条3項）がある。しかし，いずれの要件にも当てはまらず，両者の谷間に落ち込んで救済できないものがある。これが「国家補償の谷間」と呼ばれている。「国家補償の谷間」の代表例がワクチン接種による副反応の救済である。授業では，新型コロナウイルスワクチンの副反応で障害が残った人が国に補償を求める裁判を起こしたことを想定し[3]，被害者と裁判官の立場を検討して妥当な判決を提案書にまとめ，最高裁判所判事へ提案し，コメントをもらう活動がなされた。

(2)　授業の展開

表1　単元の授業課程（全4時間）

	ねらい	主な学習活動
第1時	新型コロナウイルスワクチン接種に関する課題を把握する。	1　新型コロナウイルスワクチン接種について任意接種と強制接種のどちらがよいのか予防接種の意義（集団免疫による社会防衛）と課題（重篤な副反応による個人の法益侵害）に焦点化して話し合う。 2　予防接種禍事件の東京地裁判決を参照しながら，ワクチン接種は「努力義務」だが事実上の「強制接種」ではないか話し合う。
第2時	「国家補償の谷間」について理解する。	自分が新型コロナウイルスワクチン接種をして副反応が出たら，どの条文を根拠に法的に行政に救済を求めるだろうか。 3　日本国憲法から根拠となる条文を探し（17条，29条），他にも国家賠償法があることを確認する。 4　国家賠償について，副反応が出るワクチン接種は不法行為か話し合う。 5　損失補償について，適法行為でも被害を救済できるか話し合う。 6　「国家補償の谷間」を埋めるために，過失認定を広げる方向と，29条の解釈を広げる方向があることを理解する。ここで，憲法の理念である「個人の尊重」や，国家賠償や損失補償の根底にある価値である「損害補填」，「社会全体の公正負担」を確認する。
第3時	新型コロナウイルスワクチン接種の副反応の補償について解決策を構想する。	7　新型コロナウイルスワクチン接種で副反応が出た場合の予防接種健康被害救済制度を理解する。 8　新型コロナウイルスワクチン接種の後に重い障害が残り国に対して更なる補償を求める裁判を想定し，被害者であれば，どの条文を根拠に，どの程度の補償を求めるのかについて提案書にまとめる。 9　市民として，どの条文に基づき，どのような判決が社会的に妥当か構想し，提案書にまとめる。 あなたは，どの条文に基づき，どのような考え方で，どのような判決が社会的に妥当と考えるだろうか。 10　提案書を発表し合う。
第4時	最高裁判事に提案し，考えを再考する。	11　最高裁判事に解決策を提案し，厳しいコメントをもらう。その際，私的自治に関連付けてもらう。 12　自分の解決策を再考し新たな学習課題を発見する。

(3) 授業のポイント

　先に社会科・公民科において「問題解決的な学習」をつくる視点として，5点を挙げた。本授業をこの視点から確認してみる。1点目については，法秩序を交渉や法制度を使って再構築することによって私的自治を担っていく「生徒」を育てるために，ワクチン接種後の副反応被害をどう救済するかという「社会問題」を，憲法の理念である個人の尊重や，国家賠償や損失補償の根底にある価値である損害補填，社会全体の公正負担といった「学問」の知見を活用して考えさせている。2点目については，新型コロナウイルスワクチン接種で副反応が出た場合，行政にどのように補償を求めるのかという，ワクチン接種対象者でありワクチンを接種するかどうかの判断を迫られる高校生にとって，自分ごととして直面する問題を取り上げている。なお，この問題は，生徒の問題であるだけでなく，「国家補償の谷間」という法や制度が対応できておらず，新たな法秩序を構想し法を再構築する必要がある社会的論争問題でもある。つまり，多くの生徒が自分ごととして直面し選択・判断せざるを得ない社会問題を取り上げていると言える。3点目・4点目については，「自分が新型コロナウイルスワクチン接種をして副反応が出たら，どの条文を根拠に法的に行政に救済を求めるだろうか」「あなたは，どの条文に基づき，どのような考え方で，どのような判決が社会的に妥当と考えるだろうか」という問いを明示し，その問いを軸に単元を構成している。5点目については，最高裁判所判事に提案し，厳しいコメントをもらって自身の考えを再考する機会を設けている。ここから，本授業は，社会科・公民科において「問題解決的な学習」をつくる視点を満たしていると言えるだろう。

4　私的自治を担う市民を育成するための「問題解決的な学習」

　冒頭で，問題解決的な学習を通して身に付けさせたい力として，法の支配の下での交渉を通じて自らの社会秩序を創造し，法を使い，法を再構築していく力を挙げた。本稿では現行の法や制度で対応できない問題を取り上げ，生徒が市民として新たな法秩序を構想し再構築する学習（法を変える）に焦点を当て

たが，この他にも，法主体として交渉による合意によって規範を創出し秩序を生み出す学習（法をつくる），法遵守主体として法的価値を習得しその適用により秩序を安定させる学習（法を使う）も重要である。これらの学習をカリキュラムに組み込んで問題解決的な学習を組織することで，私的自治を担う市民としての生徒が育成できると考える。

〔注〕
1　中等教育段階では課題解決的な学習と表記されることがあるが，本稿では問題解決的な学習と表記する。
2　小貫篤「公民科における国家補償の学習カリキュラム」，『日本教育大学協会研究年報』（40），2022年，pp.85-96で示された授業実践をもとに再構成した。
3　2022年10月，新型コロナウイルスのワクチン接種後に亡くなった人の遺族会が結成され，国を相手取った集団訴訟を予定していることが報道された。

〔引用文献〕
・朝倉隆太郎『社会科と私―筑波大・上越教育大における最終講義―』中教出版，1991年
・上田薫『知られざる教育―抽象への抵抗―』黎明書房，1958年
・江口勇治「法教育の現状と課題」，『法律時報』1146号，2020年，pp.5-10
・梶哲夫『公民教育・「現代社会」「倫理」「政治・経済」の教育』高陵社書店，1980年
・唐木清志「『問いの構造化』は社会科授業にどのようなメリットをもたらすのか」，『教育科学社会科教育』761号，2022年，pp.120-121
・斎藤弘『公民科教育への歩みと課題―人間としての在り方生き方―』富士教育出版社，1991年
・高山次嘉「問題解決学習」，大森照夫・佐島群巳・次山信男・藤岡信勝・谷川彰英編『新訂　社会科教育指導用語辞典』教育出版，1986年，pp.206-207
・田中成明『現代法理学』有斐閣，2011年
・ハーバーマス，J. 著，河上倫逸・平井俊彦訳『コミュニケイション的行為の理論　上』未来社，1985年
・ベスト，J. 著，赤川学監訳『社会問題とは何か―なぜ，どのように生じ，なくなるのか？―』筑摩選書，2020年

第**Ⅲ**章

社会科の
「問題解決的な学習」の〈未来〉

第1節

社会科の「問題解決的な学習」の現在地

筑波大学教授
唐木　清志

1　求められる多様な「問題解決的な学習」のあり方

　「問題解決的な学習」をどうとらえ，子どもの成長にどう役立てるかに関する考え方の違いが，社会科授業における問題解決的な学習の多様性を生み出す要因である。その背景にあるのは他ならぬ，教師の社会科教育観であろう。学習指導要領に示された社会科の性格をまずは理解し，基本をおさえることが教師には求められるが，実際にはその解釈は多様にならざるをえない。その多様な解釈に基づいて創造された社会科授業が，全国各地のさまざまな教室で実践されることによって，結果的に，社会科教育は発展すると考える。

　本章に先立つ第Ⅱ章で，12名の大学研究者によって，12通りの社会科の問題解決的な学習について論じていただいた。各人の研究業績を調査いただければわかることだが，12名がこれまでに積み重ねてきた研究業績は実に多様である。そういった各人の研究業績の延長線上において，それぞれの問題解決的な学習の理論と実践をとらえてみることで，その理解は一層深まることになる。その理論と実践の連続性をご理解いただきたく，本書では大学研究者に原稿の執筆をお願いした次第である。

　さて，各人の多様な問題解決的な学習論であるが，共通する点も存在するはずである。この共通点を見出すことで，今日の「問題解決的な学習」が目指しているものを明らかにしてみたい。

　まずは，12名・12節の論文のタイトルを一覧表にまとめてみた（表1）。タイトルからだけでも，各人の多様な社会科教育観を看取することができる。

表 1　第Ⅱ章各節の著者及び論文題名等

節	著者	校種等	論文題名
1	宮﨑　沙織	小5	社会や環境に関わる課題の解決志向型の社会科学習の提案
2	山田　秀和	小5	「知識の成長」を中核にした小学校社会科の授業デザイン―「問題解決的な学習」の実質化のために―
3	真島　聖子	小4	かかわり合いを通して問題の本質に迫る子どもたち
4	溜池　善裕	小3	素直に質問して言い合い助け合いながら成長する子供たちを育てる―「問題解決的な学習」が社会科である意義―
5	峯　明秀	小5	問題解決的な学習に求める4つの視点―体験を通して，自らの問いを掴む，振り返る―
6	福田　喜彦	小5	子どもたちが地域のいまの「問題」から未来の「社会」を考える授業―「揖保乃糸まるわかりリーフレットを作ろう！」の実践をもとに―
7	阪上　弘彬	中地	持続可能な社会の実現を目指す地理授業―地域規模で考え，特定の地域スケールで問題解決方法を模索する学習―
8	外池　智	中歴	中学校歴史学習における「問題解決的な学習」
9	井上　昌善	中公	外部人材と子どもの協働的な関係構築を目指す熟議学習の展開―地域社会の課題を取り扱った単元を事例として―
10	金　玹辰	高地	地理的な見方・考え方に基づいた問題解決力の育成をめざして
11	須賀　忠芳	高歴	求められる「自分ごと」の歴史観への転換―高等学校歴史学習における「問題解決的な学習」の〈現在〉―
12	小貫　篤	高公	私的自治の担い手を育成する問題解決的な学習―法を構想する市民の育成―

　では，共通点はどこにあるのか。安易に共通点を見出せば，それぞれの論文の魅力を減じるおそれもある。しかし，その作業をとおして，社会科の問題解決的な学習の現在地と目指すべき方向性を確認しておくことも重要である。

2　今日の「問題解決的な学習」が目指しているもの

　第Ⅰ章において筆者は，今日の社会科の問題解決的な学習が抱える課題を，三点から述べた。すなわち，①問題解決的な学習が画一化されていること，②問題解決的な学習で子どもの「問い」が生かされていないこと，③問題解決的

な学習が子どもの「社会参画」を保証していないことの三点である。この三点の課題を克服する手立てを，12人の問題解決な学習論から見出すことを目的として，以下に共通する視点について論じてみたい。

(1) 解決困難な問題の教材化から始まる「問題解決的な学習」

　一つ目の問題解決的な学習の課題は，問題解決的な学習の画一化であった。これを乗り越える手立てとしては，教材化の充実がある。社会科教育では，その本質に「教材」を位置付けることもたびたびである。教材化にこそ，社会科授業の個性が表れるといっても過言ではない。この教材化に関して，問題解決的な学習で大切にすべきことは「解決困難な問題の教材化」という観点である。この観点に基づき，ここでは二つの教材化の方向性を示したい。

1．子どもにとって解決困難な問題を教材化すること
2．社会にとって解決困難な問題を教材化すること

　解決困難な問題には，二通りのとらえ方がある。一つは「子どもにとって解決困難な問題」というとらえ方，もう一つは「社会にとって解決困難な問題」というとらえ方である。第Ⅰ章で「問題解決的な学習の問題は子どもの『問題』か社会の『問題』か」という点に触れた。この点を念頭に置いて，この二通りのとらえ方について考えてみたい。

　第一に，社会科授業では，子どもにとって解決困難な問題を教材化することが求められる。ただし，まったく解決の糸口を見出せないような問題であっては，子どもの追究は深まらない。さらに，子どもの追究を喚起できるように，子どもにとって身近な問題を取り上げることが望ましい。こういった教材の条件を備えた適切な問題を教師が見つけ出して教材化を進め，単元開発を行っていくことが必要になる。いつまでも教科書に頼ってばかりでは，問題解決的な学習の画一化を乗り越えることはできない。

　霜田一敏は，有田和正の「ゴミの学習」を検討し，「ゴミの学習が三年生にどうしてこのように成功したのか」の理由を，四点よりまとめている（有田・霜田1973）。なお，現在は第4学年のゴミの学習だが，実践が行われた1970（昭

和45）年当時には，第3学年に位置付けられていた。霜田が示した四つとは，「①ゴミの問題が子どもたちの身近なものであり，子どもたちの日常的な経験を動員することにより，また，実地の見学や調査によって地域社会の生活の実態にせまるものであったこと」「②間口を狭くして奥行きを深くすることという，社会科初期の望ましい単元の備えるべき条件を備えていること」「③ゴミの処理の問題は，住居とその衛生的環境を守るもっとも基本的な生活問題でありながら，市や町のしごとの地味で下積みなしごとにおいやられ，そこで働く人たちも低くみられている。そのことへの憤りやその人たちへの人間的な思いやりや共感が，とくに正義感にもえた三年生の子どもたちにおこりやすいこと」「④ゴミの教材は今日の問題や矛盾をもち，子ども自身がその解決策を考案し，改革していく可能性をもっていること」であった。実践記録を読まないとなかなかイメージが膨らんでこないと思うが，今日の社会科授業に照らせば，社会科教材が備えるべき条件として「①身近であること」「②間口は狭く奥行きが深いこと」「③人間を取り上げ，人間的な思いやりや共感を呼び起こすこと」「④問題の解決策を考案する可能性をもっていること」の四つを，霜田は指摘したことになる。わかりそうでわからない，追究を進める過程で次々と新しい発見が生まれる，さらに，そうした中で解決の糸口を見つけ出そうとする，そのように子どもが問題の解決に果敢に挑戦できるような，解決困難な問題の教材化を進めたい。

　第二に，社会科授業では，社会にとって解決困難な問題（社会的課題）を教材化することが求められる。現代社会の抱えるさまざまな社会的課題を教材化するのは，子どもにとってその理解が難しいためか，小学校よりも中学校や高等学校の方が多いように思う。しかし，社会科授業で子どもが社会的課題を考察・分析し，その解決策を検討するのは，校種に関係なく共通である。実際の解決まで至る社会科授業は極めて稀だが，解決策を検討する過程で身に付けられる問題解決力は，子どもの将来の社会生活で役立つものとなるはずである。

　社会的課題と一口にいっても，さまざまな課題がある。課題の内容を理解するのであれば，差し当たってSDGsに注目するのが適当であろう（唐木2020-2021）。地域や国，グローバルな社会が抱える課題を解決し，持続可能な開発を目指すのがSDGsである。具体的な17のゴールと169のターゲットからな

るSDGsでは，実にさまざまな社会的課題が取り上げられている。例えば，気候変動に関する課題（自然破壊や生物多様性の危機），人口に関する課題（少子高齢化，人口爆発），文化に関する課題（伝統文化の継承，世界遺産の保護），労働に関する課題（児童労働，若年層の失業率），多様性に関する課題（女性の活躍，障がい者の雇用，人身売買・人身取引），安全に関する課題（自然災害，サイバーリスク）などである。これらの課題がなかなか解決されずに社会に残り続けていることこそが，まさに社会的課題が解決困難であることの証左となる。また，これらの課題の中には今日の日本では想像しにくいものもあるが（人口爆発や人身売買・人身取引など），その多くは私たちの日常と深く関わるものである。対岸の火事ではなく，自分も深く関わる課題であると自分事にとらえ，子どもたちには社会的課題の解決を目指してほしい。そのために必要なことは，教師がまずは社会的課題について深く知ることである。教材研究を通して社会的課題について調べていくと，そこにさまざまな「対立」があり，その対立を解消すべく多くの人の努力によって「合意」が導かれ，社会的課題の解決へと一歩ずつ前進している様子に出会うことができるだろう。それこそが，教材化の芽である。そのことに気付くためにも，教員自らが社会的課題に真摯に向き合っていくことが必要になる。

⑵ 「主体的・対話的で深い学び」として成立する「問題解決的な学習」

　二つ目の問題解決的な学習の課題は，子どもの「問い」が生かされていないということであった。この課題を克服する手立てを考えるにあたり，昨今盛んに注目されている「主体的・対話的で深い学び」に注目してみたい。主体的・対話的で深い学びは，問題解決的な学習で成立する学びとも言い換えられる。そして，両者はともに，子どもの問いを大切にしている。

　なお，ここでは，以下の三点の手立てを提案する。

---

　1. 問いの構造化を図ること
　2. 子どもの練り合いを組織すること
　3. 子どもに学習を振り返る機会を提供すること

　具体的な提案をする前提として，主体的・対話的で深い学びと問題解決的な学習の関連性を考えておきたい。まず，「小学校学習指導要領」の「第3　指導計画の作成と内容の取扱い」には「1　指導計画の作成に当たっては，次の事項に配慮するものとする」に続いて，以下のような記述がある。

　　「(1)　単元など内容や時間のまとまりを見通して，その中で育む資質・能力の育成に向けて，児童の主体的・対話的で深い学びの実現を図るようにすること。その際，問題解決への見通しをもつこと，社会的事象の見方・考え方を働かせ，事象の特色や意味などを考え概念などに関する知識を獲得すること，学習の過程や成果を振り返り学んだことを活用することなど，学習の問題を追究・解決する活動の充実を図ること。」

「学習の問題を追究・解決する活動」が，問題解決的な学習を指すことは明らかである。また，これは小学校に限ったことではなく，中学校にも高等学校にも同様に示されている。主体的・対話的で深い学びの成立にとって，問題解決的な学習の充実が生命線となることは，この記述からも読み取れる。

　社会科授業で問いが重要な役割を果たすことは，社会科教育史において繰り返し議論されてきたことである（第Ⅰ章参照）。近年も多くの図書・論文が発表され，さらなる議論が展開されている（中村 2022，横浜市小学校社会科研究会 2020，渡部・井手口 2020）。これらの一連の問題解決的な学習に関する議論では，多くの場合に問題解決的な学習の学習過程への着目がある。そして，その中核で機能するのが，問いである。過度に学習過程を重視することが，問題解決的な学習の画一化へとつながることはすでに述べた。しかし，問題解決的な学習は一連の学習過程をたどらなければ成立しないことも事実である。

　では，具体的にどのようにして問いを重視して社会科授業を構想するのか。主体的・対話的で深い学びを念頭に置きつつ，その際に留意すべき点として，先に触れた三つの手立てについて考えてみたい。

　第一に，問いの構造化を図ることである。主体的・対話的で深い学びも問題解決的な学習も，主語（活動の主体）は「子ども」であって「教師」ではない。しかし，実際に問いの構造化を行うのは教師である。そう考えてみると，問いの構造化は「問いを軸にした単元の構造化」と表現した方が適切である（唐木 2022）。教材の本質をつかんだ教師が，子どもの思考の流れを念頭に置きなが

ら実施する行為が，問いの構造化である。

　問いの構造化は，社会科授業における一連の問いにつながりを見出す努力である。それは基本的には，単元を貫く問い（MQ／メインクエスチョン）と各時の問い（SQ／サブクエスチョン）の2種類の問いから構成される。この場合のMQは「学習問題」に該当する。例えば，小学校第4学年のゴミの学習を事例に考えると，「MQ：ゴミはどのように処理されるのか」→「SQ：焼却所に運ばれたゴミはどのように処理されるのか」「SQ：リサイクルセンターでゴミはどのように再利用されるのか」というように問いは構造化される。子どもはMQの解決を，SQの解決を総合させて達成することが目指されるわけである。また，問いの性格を「①事実に関する問い」「②概念に関する問い」「③選択・判断に関する問い」と分類すれば，問いの構造化はより理解しやすくなる。上記のゴミの学習であれば，②がMQ，①がSQである。なお，③には留意が必要で，先に触れた「社会にとって解決困難な問題」の解決策を検討する場面では，この③の問いが活用される。そこまでに学習した内容を踏まえて，子どもが具体的かつ現実的な選択・判断をするのが，この問いによって導かれる学習場面である。③を位置付けることで，問題解決的な学習は活性化する。

　第二に，子どもの練り合いを組織することである。「話し合い」とせず，「練り合い」とするのには意味がある。社会科授業で展開される話し合い活動が表面的には活発であるように見えて，実際のところ深い学びにつながっていないと感じることを授業参観でたびたび経験するからである。練り合いとは，祭りの中で神輿と神輿がぶつかり合う様子を表現した言葉だが，社会科授業における話し合い活動もこれと同じように，子どもの意見がぶつかり合うものでなければならない。そうした過程を経て，子どもの問いの質は高まっていく。

　社会科授業で子どもの練り合いを組織するためには，まずは意見の対立を引き起こす教材を，教師が子どもに提供することが必要である。例えば，社会的ジレンマに関する教材，減税は短期的には国民のためになるが，長期的には国の借金が増えるだけで，決して国民のためにはならないといった教材とそれと関連する問いを，社会科授業に導入することを検討すべきである。また，子どもの話し合い活動を丁寧に観察し，子どもAの意見と子どもBの対立点を明確にして，そこから授業で練り合いを成立させることも一つの方法である。特

別な教材を用意しなくとも，話し合いをコーディネートできる力量を教師が持ってさえいれば，どの授業場面でも練り合いは成立するはずである。話し合いは突如始まって，突如終わることがある。しかし，練り合いはそのようなことはありえない。時間のまとまりからなる単元において，少しずつ深まっていくものである。話し合いと練り合いのこの違いに着目することが重要である。

　第三に，子どもに学習を振り返る機会を提供することである。学習指導要領では，問題解決的な学習の過程を「1. 問題・課題把握（①動機づけ／②方向付け）→ 2. 問題・課題追究（③情報収集／④考察・構想）→ 3. 問題・課題解決（⑤まとめ／⑥振り返り）」ととらえている。注目すべきは，⑤まとめる段階と⑥振り返る段階が，細かくは異なる段階として示されている点である。学習を振り返ることと学習をまとめることが同じであるという誤解がある。しかし，「振り返り」には，「まとめ」とは異なる特別な役割があると理解することが必要である（唐木 2018）。

　振り返る機会を提供する際のポイントは，今ある学びを次の学びにつなげる意識，つまり，学びが連続するという意識を，教師が明確に持つことである。では，何を振り返らせ，何につなげさせようとするのか。ここでは，二つの観点から説明をしてみたい。一つ目は，問題解決的な学習の学習過程に着目し，一つ一つの段階の学びを子どもに点検させることである。単元当初に立てられた大きな問い（MQ／学習問題・課題）は，小さな問い（SQ）をそれぞれ解決する過程を経て，最終的に解決されるに至ったのか。単元を見通したり概観したりして「1. 問題・課題把握」の段階で立てた学習計画は，計画どおりに進められたのか。こういった観点から問題解決的な学習そのものを振り返っていくことで，子どもは問題解決的な学習の学習過程をスキルとして身に付けていくことになる。また，二つ目は，振り返りの段階で新たな問いを見出させるということである。例えば，授業で「公害の防止と環境保全」について学んだ子どもは，小学生であれば「環境問題の解決に向けて政治にはどのような役割と意義があるのか」という新たな問いを見出し，中学生であれば「他国や国際機関における環境問題に対する取り組みにはどのようなものがあるか」という新たな問いを見出すかもしれない。これらはみな，それに続く単元で問題解決的な学習を始めたり（学習問題の設定），展開したり（調査活動の展開），深めたり（探

究活動の展開）する際に役立つものとなる。このような形で，今ある学びを次の学びにつなげていくことが，振り返り活動の重要な役割である。

(3) 社会につながる「問題解決的な学習」

三つ目の問題解決的な学習の課題は，問題解決的な学習が子どもの「社会参画」を保証していないことであった。この課題を解決する手立てに関しても，12名の論考から大いに学ぶことができる。ここでは，その手立てを，以下のとおりに三点からまとめることにした。

---

1. 社会的課題の解決策に対する子どもの提案を保証すること
2. 外部人材との連携を重視すること
3. 子どもに社会における自らの在り方を問わせること

第一は，社会的課題の解決策に対する子どもの提案を保証することである。筆者はかつて，「日本型サービス・ラーニングにおけるプロジェクトの学習段階」として「Ⅰ．問題把握→Ⅱ．問題分析→Ⅲ．意思決定→Ⅳ．提案・参加」という学習過程が考えられることを述べた（唐木2008）。なお，サービス・ラーニング（Service-Learning）とは米国の社会参加学習のことで，それを支える教育理論の一つがプロジェクト型の学習（Project-Based Learning, PBL）である。ここでは「Ⅳ．提案・参加」の学習段階に注目していただきたい。

「提案」という学習段階は，例えば，小学校であれば「自分にできることを考える」学習活動として導入されているものである。単元終盤で子どもに考えさせることを，多くの教師が実践しているはずである。提案はこのように自分にできることだけでなく，地域ができること，国ができること，世界全体で取り組まなければならないことへとひろがっていく。また，個人や組織が行うべきことに関する提案があってよい。いずれにしても大切なことは，社会的課題の内容をわかって終わりではなく，わかったことを基にして適切に選択・判断をし，その解決策を具体的に提案することである。ただし，提案をすればそれで終わりというわけではない。提案の中身と根拠を，子どもが相互に吟味することが必要である。この吟味の過程で，根拠がより明確になって提案もますま

す現実性を帯びるようになり，子どもの社会認識は深まっていく。社会の一員
としての自覚も高まっていくにちがいない。

　第二は，外部人材との連携を重視することである。外部人材の活用に関しては，学習指導要領にも小学校だけだが「内容に関わる専門家や関係者，関係の諸機関との連携を図るようにすること」（「内容の取扱い」）とある。しかし，これは小学校に限らず，中学校及び高等学校にもあてはまることである。

　そもそも，総合的な性格を有する社会科では，その取り扱う内容も必然的に多岐にわたるため，一人の教師がそれぞれの内容に精通するのには無理がある。教材研究の段階で，学校外の専門家の力を借りるのは必然である。そして，外部人材の活用は，そのように単なる情報提供で済まされるものではなく，より効果的に活用することによって，問題解決的な学習を社会へとつなげることにも役立つ。例えば，先に触れた子どもの提案は，専門家からの意見を聞くことでその意義なり課題なりが明らかになるわけだし，さらにその意見を踏まえて検討し直せばより洗練化されたものへと発展することができる。また，問題解決に至る以前の問題把握及び問題追究の段階から，専門家や専門機関に関わってもらうことも効果的である。そうすることで，子どもの追究活動はより深まることになるだろう。社会に開かれた教育課程が求められる時代では，問題解決的な学習の在り方も地域社会の方々と共有され，協働的に計画・展開されて，子どもの成長に資するものであることが望ましい。教室に閉じられない，社会を巻き込んだダイナミックな問題解決的な学習の展開を目指すべきである。

　第三に，子どもに社会における自らの在り方を問わせることである。問題解決的な学習を基盤として主体的・対話的で深い学びを進めた子どもは，最終的には，社会における自らの在り方を問うことになる。言い換えるなら，「社会の一員としての自覚を持つ」ということである。ここまでたどり着くことで，問題解決的な学習は社会につながったと判断できる。

　社会科の究極的な目標は「公民としての資質・能力」の育成である（唐木2016）。それは，前回の学習指導要領で「公民的資質」が使用された時から変化はないと考える。さらに言えば，初期社会科の時代に次のように記された時から，社会科では継続的に公民としての資質・能力の育成が図られてきた。

　「人々の幸福に対して積極的な熱意をもち，本質的な関心をもっているこ

とが肝要です。それは政治的・社会的・経済的その他あらゆる不正に対して
積極的に反ぱつする心です。人間性及び民主主義を信頼する心です。人類に
はいろいろな問題を賢明な努力によって解決していく能力があるのだという
ことを確信する心です。このような確信のみが公民的資質に推進力を与える
ものです。」(「小学校社会科学習指導要領補説」1948年)

「不正に対して積極的に反ぱつする心」という箇所には戦後直後という時代
性を感じるが，基本的にこの一文は，学習指導要領の社会科の目標にある「グ
ローバル化する国際社会に主体的に生きる平和で民主的な国家及び社会の形成
者」に通じるものである。外部人材と連携しながら(第二の手立て)，社会的課
題の解決策を提案した子どもには(第一の手立て)，社会の一員としての自覚が
芽生えてくる(第三の手立て)はずである。その自らの成長の有り様を，子ど
もにはしっかりと問わせたい。それが延いては，将来の社会生活において問題
解決をし続ける人間を育成することへとつながるのである。

〔参考文献〕

・唐木清志『子どもの社会参加と社会科教育―日本型サービス・ラーニングの構想―』
東洋館出版社，2008年
・唐木清志編著『「公民的資質」とは何か―社会科の過去・現在・未来を探る―』東洋館
出版社，2016年
・唐木清志「『振り返る』活動を通して社会への関わり方をどのように意識させるか」，
『教育科学社会科教育』716，2018年，pp.96-97
・唐木清志「学びと社会がリアルにつながる！―SDGsの視点でつくる公民授業―」，『教
育科学社会科教育』732-743(連載)，2020-2021年
・唐木清志「『問いの構造化』は社会科授業にどのようなメリットをもたらすのか」，『教
育科学社会科教育』761，2022年，pp.120-121
・有田和正・霜田一敏(上田薫監修)『小学校社会科の授業①　市や町のしごと―ゴミの
学習―』国土社，1973年
・中村祐哉『板書＆問いでつくる「社会科×探究」授業デザイン』明治図書出版，2022
年
・横浜市小学校社会科研究会編著『「問い」の質を深め問題解決する社会科学習―横浜発
―』東洋館出版社，2020年
・渡部竜也・井手口泰典『社会科授業づくりの理論と方法―本質的な問いを生かした科
学的探求学習―』明治図書出版，2020年

第 **2** 節

これからの社会科の「問題解決的な学習」に求められるもの

筑波大学教授
唐木　清志

1　単元から年間指導計画，そして，小中高一貫社会科カリキュラムへ

　社会科では単元を基盤として問題解決的な学習が成立する。単元において数時間のまとまりを確保できなければ，問題解決的な学習の学習過程を計画することができないし，子どもも追究を深められないからである。しかし，仮に一年に一度，ある単元で問題解決的な学習が見事に実践されたとして，それで子どもの問題解決力を育成できたかと言われれば，そうではない。問題解決的な学習は，社会科授業で一年間にわたって「継続的に」実践される必要がある。さらに言えば，小学校 3 年生に始まり高等学校 3 年生で終わる社会系教科（社会科・地理歴史科・公民科）において「一貫して」問題解決的な学習が実施されることではじめて，問題解決力の育成が図られると考えるべきである。

　小中高一貫社会科カリキュラムを念頭において，問題解決的な学習は推進されるべきである。そのためには，単元間のつながり，学年間のつながり，分野間のつながり，教科・科目間のつながり，そして，校種間のつながりを意識することが必要になる。指導計画は学習指導要領を参考にしながら，教科書を範として作成されるものだと考える社会科教師はいないだろうか。残念なことだがこのような考え方に終始すると，上記のつながりは意識できなくなる。もっとも，このつながりに関しては，学習指導要領においてすでにさまざまな提案がなされているところである。「育成を目指す資質・能力」「社会的事象等について調べまとめる技能」「内容の枠組みと対象」をはじめ，「社会的な見方・考

え方」に関しても小中高のつながりを意識して設定されている。これらを意識するだけでも，問題解決的な学習が連続する社会科授業の実現は可能となるように思われるが，これをさらに推し進めるためには，例えば，社会的課題に着目して社会科カリキュラムを自律的に再構成してみることである。

　SDGsの17の目標から，社会系教科の教育内容及び単元を分類して，体系化することもよいだろう。あるいは，より個性的に，「多様性の尊重」「市民の権利と責任」「人間と環境の調和」「科学技術と社会の発展」「平和で安全な社会」と括ってみるのも面白いかもしれない（唐木2023）。大切なことは，このように系統的に体系的に教育内容を分類することで，「社会的な見方・考え方」も付随して，そこで明らかにされるということである。問題解決的な学習では，社会的な見方・考え方を働かせることが必要とされている。

2　多様性に目を開き，よりグローバルなレベルで教材開発を進める

　「多様性（ダイバーシティ）」は，現代社会を読み解くキーワードの一つである。教室には，今や必ずと言っていいほどに，外国にルーツのある児童生徒や特別なニーズのある児童生徒がいる。多様性の枠組みをさらにひろげて考えてみると，性を巡る問題，宗教を巡る問題，価値観の違いを巡る問題などもあり，こういった問題に真摯に向き合い，社会科授業づくりを進めていくことが現在の教師には求められている。そもそも多様性の根源には「一人ひとりの違いを認め合うこと」という考え方があるのだから，それは「子ども一人ひとり」を重視する問題解決的な学習にも通ずるものであろう。

　さて，そのような多様性と問題解決的な学習との理念上の親和性を意識しつつも，社会科教師にはより積極的にグローバルな社会的事象を教材化し，子どものグローバル・シティズンシップ（Global Citizenship）を涵養することが求められる。子どもの身近なところから教材を発掘するのが社会科教材開発の鉄則である。また，社会参加を志向した社会科授業づくりを進めるという観点に立てば，外部人材の活用も含め，どうしても地域社会に社会科授業の基盤を置きたくなる気持ちはわかる。しかし，こればかりであると，いつまでたっても子

どもの目は社会に開かれない。先の多様性に関しても，日本がその対応に後れ
を取っているとともに，多様性の尊重が人類共通の普遍的価値であることを子
どもに理解してもらうためにも，今日世界で起こっていることを社会科授業で
積極的に取り上げていかなくてはならない。

　地域課題の解決を目指した問題解決的な学習よりも，グローバルな課題の解
決を目指した問題解決的な学習の方が，その実現は難しいのかもしれない。し
かし，社会科教師は，地域社会からグローバルな課題を探し出すこと，そして，
地域社会／グローバルに関係なく，多くの社会的事象を関係性の網の目におい
てとらえるという，教材化の術を持っている。遠い昔にヨーロッパで起こった
こと，現在アフリカで起こっていること，こういった歴史的・地理的・社会的
事象を，他人事ではなく自分事ととらえ，深く考えて解決策を検討できるよう
になって初めて，子どもの目が社会に開かれたといえる。

　ユネスコ憲章（1945年11月）の前文で「戦争は人の心の中で生まれるもので
あるから，人の心の中に平和のとりでを築かなければならない」と記されたよ
うに，人が人を殺す戦争という行為の出発点は，われわれの心の中にある。つ
まり，「一人ひとりの違いを認め合うこと」という意味での多様性は，平和で
民主的な社会を築く上でも必ず参照しなければならない考え方である。そして，
この考え方が，戦後の日本に社会科が誕生した時も同様に大切にされていたこ
とを，社会科教師であれば忘れてはならない。

3　「問題解決的な学習」を推進できる社会科教師を育てる

　ここまでのところで繰り返し，問題解決的な学習をとおして子どもが身に付
けるものは，問題解決のスキルであることを述べてきた。子どもたちが将来大
人になって発揮できるのは，このスキルである。社会科授業で習得した知識や
技能は，時が経つにつれ色褪せて役に立たないものになってしまうかもしれな
い。しかし，問題解決のスキルは時代の変化とは無関係である。いや，時代の
変化に柔軟に対応するために必要となるのが，問題解決のスキルだとも言うこ
とができる。ここで重要なのは，社会科教師が問題解決的な学習を実現すべく
努力する過程で身に付けるのがまた，問題解決のスキルだということである。

「PDCA」という言葉がある。PDCAサイクルとも呼ばれ，「Plan（計画）→ Do（実行）→ Check（評価）→ Action（改善）」の仮説・検証のプロセスを循環させることで，物事の品質を高めていこうとする取り組みである。今日では授業改善にも役立てられ，PDCAの理論と方法をとおして自らの授業を省察し，改善しようとする教員及び学校が大変多くなってきた。このようなPDCAだが，これを問題解決的な学習ととらえることも可能である。問題解決的な学習を導入することを目指した社会科授業づくりは，まさに問題解決の連続である。つまり，教材研究と単元開発を進めて学習指導案を作成し（Plan），作成した学習指導案に基づいて授業実践を行い（Do），実施された授業実践を振り返って改善点等を見出し（Check），授業実践の課題とその解決策を検討して次の授業実践につなげていく（Action）という過程は，社会科教師が授業力向上のために日常的に行う営みであり，それは幾度となく繰り返されるものであるととらえるべきである。

　「社会科教師を育てる」ということであるから，多くの方は大学で教職課程を履修する学生をイメージされるかもしれない。しかし，社会科教師になることではなく，社会科教師であることを目指すのであれば，置かれた立場に関係なく誰もが一様に，社会科授業づくりいう問題解決が連続する営みに積極的に関与していかなくてはならない。問題解決的な学習の理論や方法は大学の教職課程でも必ず取り上げる事項だが，実際に学生が理解するのには多くの困難がともなう。そこでは，自らが体験してきたこれまでの社会科授業を相対化し，問題解決的な学習の意義を感じることができれば，それで十分としなくてはならないだろう。しかし，現在形で社会科授業を展開している教師であれば，問題解決的な学習の理論や方法を正確に理解し，それを実践へと移行できるはずである。子どもに問題解決の過程をたどらせるとともに，自らもその過程に関与していることを意識することができれば，社会科授業に問題解決的な学習を導入するとともに，自らの授業力を向上させることもできる。問題解決のスキルは，社会科教師こそが体得しなければならないものである。

〔参考文献〕

・唐木清志（研究代表者）「18歳市民力を育成する社会科・公民科の系統的・総合的教育課程編成に関する研究報告書」2023年（日本学術振興会・科学研究費補助金・基盤研究（B），課題番号：20H01670）

あとがき

　社会科は覚える教科ではなく，考える教科である。それは，高等学校の地理歴史科も公民科も同様である。しかし，社会科が苦手な子どもはどうしても，社会科は覚える教科だと考えてしまう。その要因の一つとして，定期考査や入学試験でアウトプットが求められることがある。入学試験等の在り方も大きく変わり，現在では覚えるだけではそれに対応できず，各種資料を読み取ったり，自分の考えをまとめたりすることも必要とされている。しかし，社会科ではどうしても重要語句等の習得を避けて通れない。基礎的・基本的な事項を理解した上でないと，話し合いに参加することができないのも事実である。

　ただし，覚える社会科を作っている要因は，このようなアウトプットの存在や，社会科が有する教育内容の過多ばかりにあるわけではない。社会科教師の側にも課題はあるのではないかというのが，筆者の考えである。覚える社会科に抵抗し，考える社会科へと移行できるほどに，社会科教師は社会科の特性を理解しているのか。また，考える社会科を実現するために必要となる教育技術を，社会科教師は持ち合わせているのか。本書で「問題解決的な学習」に着目した理由は，この課題を直視し，その解決の糸口を示したかったためである。

　一般に，社会科の授業づくりは難しいと考えられている。社会科授業では激しく変化する社会そのものを教育内容として取り扱うため，教師には教材探しが常に求められる。また，良い授業をしようと思えば，実際に現地を訪れてインタビューや資料収集をしなければならず，勤務外に教材研究をする時間も必要になる。さらに教材研究のために必要な図書の購入費用も相当なものである。このようなことから，学級担任制の小学校で，社会科を苦手とする教師が大変多くなっている。しかし，教材研究及び単元開発が重要であり大変であることは，社会科に限ったことではない。授業づくりのやり方が異なるにせよ，それはすべての教科に共通して言える。社会科だけが特別ということは決してない。やはり，社会科の特性なり特有な教育技術なりが十分に浸透していないという点にこそ，社会科の抱える課題の要因があると考えるのが適切であろう。

社会科のマイナス面ばかりに目を向けて，社会科授業づくりの難しさを強調することはやめた方がよさそうである。教科書にゴシック体で示された重要語句も，問題解決的な学習を展開する上では必要不可欠な道具である。教え習得させるものではなく，調べ活用させるものだと考えれば，考える社会科において子ども自らがその意義を見出してくれるにちがいない。また，苦労をして教材研究や単元開発に明け暮れたとしても，それが社会科の問題解決的な学習を展開する上で必要な営みだと教師自らが理解できれば，積極的に関与できるはずである。そして何より，問題解決的な学習を展開し，社会科授業で子どもの成長を看取ることができれば，教師は継続的に問題解決的な学習に取り組めるようになる。問題解決的な学習の基本は「子ども一人ひとり」である。子ども一人ひとりの成長が教師の成長につながるという意識を，教師一人ひとりが持てるかどうかが，社会科の問題解決的な学習が発展する鍵となる。

　教員の多忙化が深刻な状況にある中で，社会科の問題解決的な学習を重視せよ，そのためにも教材研究や単元開発を充実せよとは，さらなる負担増を強いるようで申し訳ない気持ちもある。一方で，教員の働き方改革の議論の中で，「減らせる仕事は減らしてもらい，もっと授業づくりにかける時間を生み出して，子どもと十分に接したい」という多くの教員の声が聞けたことは，大変心強いことである。本書がそう考える教員にとっての原動力となって，社会科授業づくりに役立っていくことを期待したい。社会科の発展は，「良い授業をしたい」という教員の願いなしでは到底達成できないものである。

　大学で社会科指導法の授業を担当しながら，学生に常に伝えていることがある。それは「授業で勝負できる教師になりなさい」というものである。きっと多くの先生方も，そのような言葉を聞き，教師を目指し，教師になったのではないだろうか。「良い授業だった」と実感できるのは，年に一度，退職までに数回であるかもしれない。それでもその実現を目指して，努力するのが教師という職業である。社会科の問題解決的な学習の理論と方法は，良い社会科授業づくりを目指す教師にヒントを与え続けてくれるはずである。

　2023 年 6 月

編著者　唐木　清志

執筆者一覧

【編著者】

唐木　清志（からき　きよし）

筑波大学教授

1967 年群馬県生まれ。新潟大学教育学部卒業，筑波大学大学院博士課程教育学研究科単位取得退学。博士（教育学）。静岡大学助手・講師・助教授，筑波大学講師・助教授を経て，現職。日本公民教育学会会長，日本社会科教育学会副会長，全国社会科教育学会理事。『「公民的資質」とは何か』（編著，東洋館出版社，2016 年），『初等社会科教育』（共編著，協同出版，2021 年），『小中社会科の授業づくり』（共編著，東洋館出版社，2021年），『持続可能なまちづくり』（全 6 巻，監修，岩崎書店，2023 年）等，著書多数。

【執筆者】（執筆順。所属等は 2023 年 5 月現在）

唐木　清志（前掲）　まえがき，第Ⅰ章，第Ⅲ章，あとがき

宮﨑　沙織（群馬大学准教授）　第Ⅱ章第 1 節

山田　秀和（岡山大学教授）　第Ⅱ章第 2 節

真島　聖子（愛知教育大学准教授）　第Ⅱ章第 3 節

溜池　善裕（宇都宮大学教授）　第Ⅱ章第 4 節

峯　　明秀（大阪教育大学教授）　第Ⅱ章第 5 節

福田　喜彦（兵庫教育大学教授）　第Ⅱ章第 6 節

阪上　弘彬（千葉大学准教授）　第Ⅱ章第 7 節

外池　　智（秋田大学大学院教授）　第Ⅱ章第 8 節

井上　昌善（愛媛大学准教授）　第Ⅱ章第 9 節

金　　玹辰（筑波大学准教授）　第Ⅱ章第 10 節

須賀　忠芳（東洋大学教授）　第Ⅱ章第 11 節

小貫　　篤（埼玉大学准教授）　第Ⅱ章第 12 節

社会科の「問題解決的な学習」とは何か

2023（令和 5）年 7 月 23 日　初版第 1 刷発行

編著者：唐木　清志
発行者：錦織　圭之介
発行所：株式会社東洋館出版社
　　　　〒 101-0054　東京都千代田区神田錦町 2 丁目 9 番 1 号
　　　　　　　　　　コンフォール安田ビル 2 階
　　　　　　　　代　表　電話 03-6778-4343　FAX 03-5281-8091
　　　　　　　　営業部　電話 03-6778-7278　FAX 03-5281-8092
　　　　　　　　振　替　00180-7-96823
　　　　　　　　Ｕ Ｒ Ｌ　https://www.toyokan.co.jp
印刷・製本：藤原印刷株式会社
装丁・本文デザイン：藤原印刷株式会社

ISBN978-4-491-05105-5
Printed in Japan